ÉPISODES RÉVOLUTIONNAIRES

TULLE SOUS LE DIRECTOIRE

PAR

Victor FOROT
Président du Comité départemental,
Chargé de rechercher et de publier les documents d'archives
relatifs à la vie économique de la Révolution française.

PARIS
LIBRAIRIE DE L'ART FRANÇAIS
JEAN SCHEMIT
52, rue Laffitte, 52.

TULLE SOUS LE DIRECTOIRE

EPISODES RÉVOLUTIONNAIRES

TULLE
SOUS LE DIRECTOIRE

PAR

Victor FOROT
Président du Comité départemental,
Chargé de rechercher et de publier les documents d'archives
relatifs à la vie économique de la Révolution française.

PARIS
LIBRAIRIE DE L'ART FRANÇAIS
JEAN SCHEMIT
52, rue Laffitte, 52.

TULLE
SOUS LE DIRECTOIRE

I

La Constitution directoriale dite de l'an III. — Les Elections. — L'ancienne administration disparaît. — Les nouveaux élus. — Béral, commissaire du Directoire exécutif. — Le Canton rural de Tulle. — Sa composition. — Son Conseil. — La Situation politique aux environs de Tulle. — Les Gardes nationales et la colonne mobile des environs. — Composition de la colonne. — La Requisition des chevaux.

La Convention nationale arrivait à la fin de son mandat, sa tâche se terminait par l'adoption d'une nouvelle Constitution : la *Constitution directoriale.*

Rappelons en quelques lignes en quoi différait cette nouvelle constitution de celle de 1793.

Le corps législatif fut partagé en deux assemblées.

Un Conseil dit des *Cinq-Cents* fut créé ; il devait se composer de cinq cents membres ayant au moins trente ans. Ce Conseil devait seul présenter les lois ; il était renouvelable tous les ans par tiers.

Un autre Conseil, dit *des Anciens*, devait être composé de deux cent cinquante membres ayant atteint l'âge de quarante ans au moins. Les célibataires n'étaient pas admis dans ce Conseil ; tous les membres devaient être veufs ou mariés.

Le Conseil *des Anciens* avait la *sanction* des lois ; il était aussi renouvelable par tiers.

Il fut enfin créé un *Directoire exécutif* composé de cinq membres se renouvelant tous les ans, par cinquième.

Ce pouvoir exécutif avait des ministres responsables, il promulguait les lois et les faisait exécuter. Il disposait de la force armée, mais ne pouvait faire la guerre sans l'autorisation du Corps législatif.

Les élections se faisaient à deux degrés. Tous les citoyens de 21 ans formaient les assemblées primaires, qui se réunissaient tous les ans le 1er prairial, et nommaient les assemblées électorales qui se rassemblaient à leur tour vingt jours plus tard, pour nommer le *Conseil des Cinq-Cents* et le *Conseil des Anciens.*

Puis enfin, les deux Conseils réunis nommaient les cinq membres du Directoire.

Il fut créé un tribunal civil par département et une cour criminelle composée de cinq membres et d'un jury ; on institua des juges de paix.

Tout le pouvoir judiciaire fut confié à des juges électifs.

Les assemblées communales furent remplacées par des administrations municipales et départementales, composées de trois ou cinq membres et plus, selon le chiffre de la population.

Les Sociétés qui précédemment se qualifiaient de *Sociétés populaires*, et qui tenaient des séances publiques, avaient des bureaux, des tribunes, des affiliations, furent interdites.

La liberté de la presse fut proclamée.

Tous les cultes furent déclarés libres, mais aucun ne devait être ni reconnu, ni salarié par l'Etat.

Les émigrés devaient être expulsés, pour toujours, du territoire de la République.

Les biens nationaux devenaient définitivement la propriété de ceux qui les avaient acquis.

Après avoir cité les principaux articles de la nouvelle constitution, nous ne pouvons négliger de rappeler que la Convention sut profiter de l'expérience acquise :

La Constituante, pour montrer son désintéressement, avait décidé qu'aucun de ses membres ne pourrait faire partie du Corps législatif qui devait la remplacer.

La Convention ne commit pas la même faute. Elle savait qu'elle avait dans son sein une bonne partie des députés qui avaient aidé à saper à sa base l'ancienne constitution féodale (qu'ils firent crouler dans les journées des 14 juillet et 4 août 1789), de ceux qui, aussitôt après, avaient renversé l'antique trône des rois de France. Elle savait aussi que nombre de ses membres avaient signé la condamnation du chef de la dynastie des Bourbons. Aussi, voulant que son œuvre républicaine se poursuivît sans interruption, elle se montra moins désintéressée que sa sœur aînée et décréta, le 5 fructidor (22 août 1795), que deux tiers des membres de la Convention feraient partie du nouveau Corps législatif.

Un tiers seulement des membres de la Convention devait donc être remplacé ; aussi les partisans de la royauté et les anti-révolutionnaires de toutes nuances dirent-ils que la Convention, en mourant, voulait perpétuer le règne de la Terreur, un instant disparu, puisqu'elle « voulait conserver forcément une majorité composée d'hommes qui avaient couvert la France d'échafauds » (1).

---

(1) A. Thiers. *Histoire de la Révolution*, loc. cit, v. 3, p. 259.

En Corrèze, comme partout ailleurs, les royalistes profitèrent de ce moment transitoire pour renouveler leurs tentatives contre la République.

Les contre révolutionnaires de Tulle, qui recevaient le mot d'ordre de Paris par les Morellet et les Vaublanc, formèrent de nouveaux comités et sous leur inspiration décidèrent de faire montre d'acceptation de la Constitution, se réservant de combattre ensuite le nouveau régime pour faire revivre celui de 1791.

Le moment des élections arriva; notre vieux Tulle se ressentait des échauffourées parisiennes dont les échos lui parvenaient chaque jour. Les autorités avaient pris toutes les mesures nécessaires pour réprimer les troubles possibles. Enfin, bien que très mouvementées, les élections ne furent cependant marquées par aucun incident grave.

L'administration municipale fut transformée; les résultats furent les suivants :

Le 11 brumaire an IV, le citoyen Ludière, juge de paix sortant, est élu de nouveau à cette même fonction par 270 voix sur 289 votants.

Le même jour, il fut procédé à l'élection de six assesseurs du juge de paix.

Il y avait 309 votants :

Le citoyen	Lacombe-Merle	obtint	290	voix.
—	Rigaudie,	—	261	—
—	Brugeille,	—	255	—
—	Reignac des Farges,		237	—
—	Quellet,	—	218	—
—	Libouroux,	—	180	—

Ces six citoyens furent élus assesseurs. Ils avaient pour concurrents : Floucaud, chimiste; Rigolle, Peuch, Pauphille, Béral, sellier; Lagarde, ancien assesseur; Tabanon, Bardon, médecin; Vergne aîné et Vergne cadet, Chastang, Lacombe, marchand ; Lacombe, chapelier ; Sirieix, Jacques Lagier, Lacombe-Roussel, Régis, etc.

Le 12 brumaire eurent lieu les élections pour la nomination des officiers municipaux qui devaient compléter l'administration communale.

Le citoyen Rigolle obtint 483 suffrages ; Lagier, du Chapeau-Rouge, 480 ; Laborderie, officier de santé, 477 ; Vergne, administrateur, 470 ; Chastang, 462.

Ces nouveaux officiers municipaux furent installés dans leurs fonctions, ce même jour, par les citoyens Dubois, Lacombe, Brugeille, Libouroux, Baluze et Vigne, officiers municipaux sortants, seuls présents à la séance.

Le lendemain, 13 brumaire, le citoyen Laborderie était élu président de l'administration municipale.

C'était un revirement complet. L'ancienne administration disparaissait et, par un arrêté du département, en date du 6 brumaire, Chirac était nommé procureur provisoire de la commune.

Peu de jours après, le Directoire exécutif de la République le remplaçait par le citoyen Béral cadet, ancien officier municipal (1).

Il est intéressant aujourd'hui de savoir comment un agent gouvernemental de cette importance était avisé de sa nomination.

Voici d'abord l'arrêté du Directoire exécutif.

LIBERTÉ ÉGALITÉ

Du 22e Brumaire, an 4e de la Republique française, une et indivisible.

---

(1) *Archives de la Mairie,* D 1, v. 3, folio 49.

Le Directoire executif arrette ce qui suit :

Le citoyen Beral, cadet, ancien officier municipal est nommé commissaire du pouvoir executif près l'administration municipale de Tulles, departement de la Corrèze ; ordonne en consequence qu'il se rendra sur le champ auprès de la ditte administration pour y remplir les fonctions qui lui sont attribuées par la loy.

Signé à la minute : CARNOT, REVEILLERE, LEFAUX, LETOURNEUR, BARRAS.

Pour expedition conforme, signé : REUBEL, *président.* — Pour le Directoire executif, signé : LAGARDE, *secrétaire général.*

Vient ensuite la lettre personnelle adressée au nouveau fonctionnaire ;

Paris, le 22 brumaire, an 4e de la Republique française une et indivisible.

LE MINISTRE DE L'INTÉRIEUR

Au citoyen Beral, cadet, commissaire du Directoire executif de l'administration municipale du canton de Tulle

Je vous fais passer, citoyen, l'arretté du Directoire executif qui vous nomme son commissaire près l'administration municipale du canton de Tulle. Cette confiance doit vous flatter : elle vous impose des devoirs qui seront doux à remplir ; ceux de coopérer au maintien des loix constitutionnelles, de les faire aimer, et de préserver vos concitoyens des pièges que, dans les premiers moments surtout, le fanatisme, le royalisme et l'anarchie s'efforceront de leur tendre. Elevé à la hauteur et à l'importance de vos fonctions, vous tiendrez toujours ouvert le livre de la loy ; vous ne permettrez pas qu'il y soit porté atteinte ; vous prêcherez la paix, l'union et la concorde ; vous donnerez l'exemple des vertus republicaines. Votre vigilance à remplir vos devoirs sera le stimulant le plus sûr pour que l'administration, auprès de laquelle le Directoire vous a placé comme la sentinelle de la Constitution, remplisse exactement le sien, et ne s'occupe que du bonheur des administrés.

Voilà, citoyen, les reflexions que le Directoire m'a chargé de vous transmettre, en vous observant que vous devez me denoncer les abus, les infractions qui pourront être faites aux lois, et tout ce qui tiendra à troubler l'ordre et la tranquillité publique.

Il importe aussy que vous me fassiez parvenir les etats exacts de la population de votre canton, de l'espèce et du nombre de ses bestiaux, de la quantité de defenseurs qu'il a donné à la patrie et qui sont vivants.

Donnez à la confection de ces tableaux autant d'attention que de célérité, et soyez convaincu, citoyen, que vous trouverez dans ma fermeté l'appuy de la vôtre.

Salut et fraternité.

Le Ministre de l'intérieur, signé : BENEZECH.

Enregistré à Tulle, en la maison commune, le 6e frimaire, an 4e de la Republique française une et indivisible.

LAVAL *fils ainé, secrétaire.*

Mais à côté de la municipalité tulloise il y avait une quantité d'électeurs, et toute une catégorie de citoyens, qui n'étaient pas négligeables. Nous voulons parler du *canton rural* de Tulle qui se composait des anciennes paroisses de Naves, Ladignac, Gimel, Saint-Priech, Chanac, St-Bonnet-Avalouze et les Angles. Toutes ces communes touchaient à celle de Tulle et vivaient presque de la même vie, puisque chaque jour les cultivateurs venaient apporter aux marchés du chef-lieu tous les produits de leur travail et de leurs propriétés. La répercussion des événements politiques se faisait donc plus directement sentir auprès de ces quelques communes ; aussi, ce canton rural de Tulle manifesta-t-il, plus que tous autres, ses sentiments politiques en reconstituant ses municipalités. Chaque commune était représentée à ce conseil cantonal par un agent municipal et un adjoint. Les citoyens ci-après furent choisis pour composer le conseil du canton rural : TESSIER, *président* ; VERDIER, SAINTAGNE, CUEILLE, VERGNE, BASSALER, SOUBRANNE et LEYRAC, *agents municipaux*; TINTIGNAC, BOUDRIE, VAREILLE, PIMOND, *adjoints*.

Le 22 brumaire an 4, le citoyen Vergne cadet, ex-administrateur et membre de l'administration centrale, fut nommé commissaire du pouvoir exécutif près cette administration municipale du canton rural de Tulle (1).

Il n'est pas sans intérêt, pour la suite de notre historique, d'examiner qu'elles étaient les dispositions politiques des habitants de nos campagnes environnantes.

Nous devons le constater, elles semblaient encore rebelles aux idées d'émancipation, elles résistaient surtout aux lois touchant l'appel des jeunes gens sous les drapeaux, aux obligations de la garde nationale et aussi à celles concernant les impositions. Nos paysans s'étaient peut-être figuré que le gouvernement républicain leur ayant supprimé les dîmes et autres contributions seigneuriales ne leur demanderait pas une contribution pour subvenir aux besoins de l'Etat. La guerre que la France soutenait contre l'Europe entière coûtait bien des

---

(1) *Arch. de la ville de Tulle*, registre 64.

hommes et bien de l'argent, mais nos paysans s'en souciaient peu, ne pouvant s'imaginer qu'ils devaient, comme tous les autres citoyens français, fournir leur contingent d'hommes et d'argent. Ils restaient le plus souvent sourds aux appels de la loi, comme nous le voyons dans le registre des délibérations de l'assemblée municipale du canton rural de Tulle, qui contient un procès-verbal, daté du 24 thermidor an 4, convoquant, pour la troisième fois, tous les citoyens valides du canton, depuis l'âge de 16 ans jusqu'à celui de 60 ans, pour former la garde nationale. Les citoyens ne s'étant pas rendus aux deux premières convocations étaient informés « que dans le cas où le peuple, égaré sans doute par de mauvais citoyens, ne s'assemblerait pas pour ladite organisation, il y sera procédé, vu l'urgence, par les citoyens présents, fussent-ils en petit nombre ».

Cette indifférence pour l'organisation de la garde nationale de nos campagnes ne peut nous étonner, car nous savons que l'appel qui fut fait aux habitants de la commune de Tulle même, en germinal an IV, resta sans effet. Un procès verbal des délibérations de la municipalité de la ville de Tulle nous dit que dans la section de la Fraternité, ou des Carmes, qui se composait de 360 citoyens, aptes à faire partie de la garde nationale, il ne s'en était présenté qu'une vingtaine, après sommations ! (1) Nos paysans, moins instruits des lois, pouvaient bien agir de même.

Par un arrêté du Directoire exécutif, en date du 17 floréal an IV, chaque canton de la République devait avoir, en plus de sa garde nationale, une

---

(1) *Arch. de la Mairie*, D I, v. 3, f. 89.

colonne mobile toujours prête à marcher, et devant être composée du sixième de la garde nationale sédentaire, officiers et sous-officiers non compris.

Après avoir constitué sa garde nationale, (ce qui fut assez laborieux) l'administration cantonale se préoccupa de la formation de la colonne mobile, ce qui fut encore plus difficile. Elle y parvint pourtant, et enfin le 3 vendémiaire de l'an 5, cette colonne mobile du canton rural de Tulle fut constituée. Selon l'article 11 de l'arrêté du Directoire, il y avait à nommer autant de caporaux qu'il y avait de fois huit hommes dans la colonne, autant de sergents qu'il y avait de fois 16 hommes, autant de sous-lieutenants et lieutenants qu'il y avait de fois 32 hommes et autant de capitaines qu'il y avait de fois 64 hommes.

La garde nationale du canton rural étant composée de onze compagnies comprenant un total de 95 hommes, voici comment fut constituée la colonne mobile :

Deux capitaines : Jean-Baptiste Devès, de St-Priech ; et Jean Dufour, de Naves.

Cinq lieutenants : Martial Var, de St-Priech ; Antoine Dumond, de Ladignac ; Antoine Leyrac, de Gimel ; Jean Ceindriac, de Chanac ; Blaize Chaulet, de Naves.

Cinq sous-lieutenants : Antoine Lacroix, de St-Bonnet-Avalouze ; Pierre Neyrac, de Naves ; et Martial Roubertous, de Gimel.

Furent élus ensuite 10 sergents et 20 caporaux.

Naves fournit 65 fusiliers ; Ladignac : 20 ; Gimel : 27 ; St-Priech : 12 ; Chanac : 19 ; St-Bonnet-Avalouze : 11 ; Les Angles : 6 ; au total : 160 hommes, 12 officiers et 30 sergents ou caporaux.

Mais les obligations de garde nationale sédentaire et de colonne mobile préoccupaient moins encore nos campagnards que celles concernant les réquisitions de grains et le payement des impôts. Bien que touchant peu le paysan de nos environs l'arrêté du Directoire exécutif du 25 pluviôse an 4 fut mal accueilli à Tulle et aux environs. Cet arrêté ordonnait une levée de chevaux, de un sur trente, et l'administration cantonale de Tulle choisit ses meilleurs citoyens pour faire le dénombrement des chevaux du canton. Furent nommés commissaires à cet effet :

Pour la commune de Chanac : le citoyen Pimond ; pour celle de Gimel : Leyrac ; pour celle de St-Priest : Devès, chirurgien ; pour Ladignac : Boudrie ; pour Naves : Bach, de la Geneste ; enfin pour la commune de St-Bonnet-Avalouze : Antoine Cueille.

II

La perception des impôts. — Emission de billets de confiance à Tulle. — Rationnement des grains. — Un emprunt de 200.000 francs. — Le blé du grenier public distribué aux indigents. — Le pain manque à Tulle. — Il faut chausser l'armée. — Les prix de la chaussure. — Taxe du pain et de la viande. — Dévastation des forêts de Gimel et de Ganette.

La perception des impôts se faisait avec difficulté; cependant une détente générale se produisait dans l'opinion publique. Les rancunes politiques se taisaient devant les besoins de jour en jour plus pressants de la population. Les marchés de Tulle devenaient déserts, les grains étaient de plus en plus rares et la disette était imminente.

Déjà le citoyen Bettinger, entrepreneur de la manufacture d'armes, avait été autorisé à émettre des billets de confiance. En vendémiaire de l'an IV, le fonctionnement du grenier public se trouvait entravé à cause de l'échange qui venait d'être fait de ces billets de confiance contre des assignats de dix mille livres, avec lesquels on ne pouvait faire les achats. La municipalité décida, à ce sujet, que le Conseil général de la commune serait consulté sur les mesures à prendre, mais qu'en attendant, le caissier du grenier public ne recevrait, en payement du grain qui serait livré, que de la monnaie nationale.

Le 14 vendémiaire, dans une séance où étaient présents Régis jeune, maire, Lacombe, Baluze, Libouroux, Dubois, Brugeille et Vigne, officiers municipaux, et Chirac, procureur de la commune, le Conseil prit une délibération dont voici les principaux passages:

Considérant que le grenier se trouve obstrué par l'émission des billets de confiance émis par le citoyen Bettinger, lesquels ont été changés en des billets de dix mille livres, avec lesquels on ne peut achetter qu'avec beaucoup de peine des grains dans les petites places, telles que Caussade et Montauban.

Considérant que si on continue à donner tous les jours autant de grains qu'il s'en débite journellement, le peu de grain qui est au grenier aura tout disparu avant une décade, parce qu'il y a plusieurs cartes qui se trouvent par doubles et par triple, et parce que plusieurs citoyens vont au grenier sans être dans le cas d'y avoir recours.

Considérant que dans ce moment cy, où les pommes de terre, le bled noir et les chataignes sont à leur maturité, tous les citoyens peuvent s'en procurer assez facilement.

La municipalité, après en avoir conféré avec les membres du Comité des subsistances arrête :

1° Toutes les cartes délivrées jusqu'à présent seront renouvellées.

2° Il ne sera délivré à chaque citoyen que les deux tiers du grain qui était livré cy-devant, et il sera donné du riz en remplacement, de sorte que chaque famille composée de deux individus aura une quarte méture et deux livres de riz pour 24 jours, une famille composée de trois individus recevra une quarte méture et deux livres de riz pour 18 jours et ainsy des autres.

3° Il a été aussy arrêté que le Comité sera invité de faire des achapts à Bordeaux, afin de placer les assignats de dix mille livres qui sont actuellement en caisse.

4° Le grenier continuera de livrer au prix de 320 livres le setier tout le grain qui se trouve actuellement au grenier, quant à celui provenant des nouveaux achapts, il se vendra au prix du cours.

Le 3 frimaire, l'administration municipale déclarait qu'il était « urgent de prendre des moyens pour faire des achapts hors le département » et demandait un emprunt volontaire de 200.000 francs, persuadée « que les bons citoyens, accoutumés à faire des sacrifices, n'abandonneront pas leurs frères indigents, dans un moment où la commune se trouve sur le point de manquer de subsistances. »

Cet emprunt fut voté. Les 200.000 francs devaient être employés en achat de subsistances et remboursables en messidor suivant. Le déficit, s'il y en avait, devait être réparti au marc la livre sur tous les contribuables fonciers.

La municipalité n'avait pas l'assurance que l'emprunt serait souscrit, aussi prit-elle ses précautions par son article 5 qui est suffisamment comminatoire :

Si l'invitation fraternelle qui sera faite aux citoyens de la commune ne produit pas la sommé de deux cent mille livres, la municipalité, en exécution de l'arrêté du Conseil général de la commune du 7e brumaire, fera la liste des citoyens qu'elle connaîtra les plus aisés, auxquels il sera fait une invitation individuelle aux fins que l'emprunt soit rempli (1).

Aussitôt que cette décision fut connue, l'admi-

---

(1) *Archives de la Mairie* D.I. V. 3, f. 48 *verso*

nistration fut assaillie par une multitude de malheureux, des femmes surtout, mères de famille, qui venaient implorer du pain pour leurs enfants. Depuis quelques semaines, il n'y avait plus de seigle sur le marché, et force fut bien à la municipalité de faire distribuer aux indigents le peu de grains qu'elle avait encore dans le grenier public.

Les membres du Comité des subsistances furent consultés et l'arrêté suivant fut pris :

Art. 1er. — La distribution du grain aura lieu aussitôt que les formalités cy après seront remplies.

Art. 2. — Tous les indigents de la commune seront invités au son de tambour à se rendre par ordre de numéro en la municipalité, pour s'y faire inscrire.

Art. 3. — La municipalité décidera ensuite si tous ceux qui se seront présentés doivent avoir part à la distribution.

Art. 4. — Il sera délivré par individu la représentation en grain d'un quart de livre de pain, à compter 70 livres par setier.

Art. 5. — La méture sera vendue cinq cents livres le setier, qui est le prix du seigle au dernier marché.

Cette décision mérite qu'on s'y arrête un instant :

L'article 2 invite tous les indigents à se faire inscrire; il est certain qu'en pareille circonstance, même ceux qui n'étaient pas indigents n'hésitaient pas à réclamer leur part du grain que contenait encore le grenier municipal, aussi l'article 3 réserve-t-il à la municipalité le droit d'admettre ou de rejeter les demandes qui seraient faites. Cela était prudent et juste. Mais combien difficile devait être la mission de l'autorité municipale! combien de mécontents, combien de récriminations devait faire entendre cette population besogneuse ; mais combien nous semble encore plus triste la situation des habitants de notre malheureuse ville, lorsque nous lisons l'article 4 : UN QUART DE LIVRE DE PAIN par individu ! N'était-ce pas la veille de la famine ? Ces malheureux avaient encore, fort heureusement, autre chose à manger, mais *un quart de livre* de pain par individu suppose bien des estomacs vides le soir, même après une journée inoccupée, car une bonne partie des habitants de Tulle était alors sans travail, puisque le 16 frimaire le citoyen Béral fait observer à la municipalité « qu'il ne suffisait pas de procurer des subsistances aux habitants de la commune, qu'il fallait encore leur fournir du travail. »

Le département devait y pourvoir, mais la misère n'en continuait pas moins son action démoralisatrice sur la masse des malheureux réduits à ne manger qu'à moitié de leur appétit.

Et on s'étonnera, avec cela, que ces tristes affamés aient commis quelques fautes? — Ils réclament du pain trop brutalement, nous le savons, mais ne sait-t-on pas aussi que : *Lo fom sauto lou loup dei bouissou*? (1) Cela n'arriva pas à Tulle, très heureusement ; la population souffrait, mais à part quelques farandolles, quelques cris séditieux poussés deça delà, le peuple ne se livra à aucun excès sé ieux pendant toute cette pé iode de misère.

Il n'en reste pas moins établi que la situation économique du moment était des plus critiques, tant pour les partisans du régime déchu que pour ceux qui gouvernaient à ce moment. Les appro-

(1) Proverbe limousin : La faim oblige le loup à sortir du fourré.

visionnements de toutes sortes étaient devenus sinon impossibles, tout au moins excessivement difficiles, apportant un élément nouveau à la misère ; il fallait encore pourvoir à l'alimentation et à l'habillement de l'armée, qui combattait pour la République. Il fallait chausser surtout nos vaillants soldats qui, pour la plupart, étaient pieds nus et portaient bravement et victorieusement le drapeau de notre patrie à travers les armées de l'Europe coalisée.

Un appel venait d'être fait à toutes les municipalités de France pour aider à la fourniture de la chaussure indispensable à notre héroïque armée républicaine.

Dans la séance du 11 pluviose an IV, fut pris l'arrêté suivant :

« L'administration municipale, après avoir pris des renseignements sur ce que se vendent, dans ce moment cy, les souliers sur cette commune, il a été arrêté de gré à gré que chaque paire de souliers seroit payée à raison de neuf cents francs, à condition que lesdits souliers seroient faits conformément aux lois et après qu'ils auront été reçus par les commissaires vérificateurs nommés à cet effet. »

Quelques jours plus tard, le 3 ventôse, le prix d'une paire de souliers fabriquée par les cordonniers de la ville ou des environs, était porté à *mille francs* (1).

(1) Afin d'éviter les calculs nécessaires pour connaître la valeur réelle des assignats à ce moment, disons que le 25 fructidor de cette même 4e année, un marché est passé entre la municipalité et les cordonniers de Tulle pour la fourniture de deux paires de souliers, à livrer tous les dix jours, au prix de 4 livres 10 sols, en numéraire, et quelques mois plus tard, le 28 germinal an V, un nouveau marché

N'oublions pas que ces prix sont fixés en assignats et non en numéraire, et que les assignats avaient subi, à ce moment, une dépréciation considérable. Nous voyons même les marchands de Tulle refuser de livrer n'importe quelle marchandise lorsqu'elle est payée en assignats, boulangers et bouchers ne veulent donner le pain et la viande que contre payement en numéraire. La municipalité, par un arrêté, taxe le « bon pain » de seigle à 28 francs la livre, payable en assignats, celui de froment à 40 francs. — Le prix de la viande bonne qualité est fixé à 40 francs la livre. « Il est défendu aux bouchers de la vendre au-delà et d'insulter ceux qui se présenteront à leurs étaux. » Les acheteurs ne devaient pas payer au dessus du prix fixé sous peine d'amende. Les contrevenants à cet arrêté étaient punis de mille livres d'amende et à la confiscation des comestibles mis en vente.

Le prix des bestiaux ayant baissé assez rapidement, la municipalité fit un tarif spécial pour la viande, et le 24 ventôse an IV, elle fixa les prix suivants *payables en numéraire.*

LE BŒUF. — *Le meilheur :* les alloyaux. la poitrine et quatre premières côtes. la livre à	5 sols.
Le reste du dit bœuf	4 sols.
Le médiocre : les alloyaux. la poitrine et quatre premières côtes....	4 sols 6 d.
Le reste du dit bœuf.............	3 sols 6 d.

est passé entre la municipalité et les cordonniers de Tulle. Ces derniers consentent à livrer deux paires de souliers par décade, au prix de 3 livres 18 sols la paire, payable en numéraire.

La Vache. — *La meilheure* : les alloyaux, la poitrine et quatre premières côtes, la livre..........	4 sols 6 d.
Le reste de la dite vache	3 sols 6 d.
La médiocre : les alloyaux, la poitrine et quatre premières côtes.. .	3 sols 6 d.
Le reste de la dite vache	3 sols.
La Velle grasse. — Le cimier, la poitrine et pièces de la cuisse, la livre.....	4 sols 6 d.
Le reste à	3 sols 6 d.
Le médiocre, tout tirant, à.......	3 sols 6 d.
Le Veau. — *Le meilheur*, tout tirant.....	5 sols.
Le médiocre..	4 sols.
Le Mouton. — *Le meilheur*, tout tirant...	5 sols.
Le médiocre.......	4 sols.
La Brebis. — *La meilheure*, tout tirant...	4 sols.
La médiocre..	3 sols.

Il est loisible à tout citoyen de payer en assignats, et les bouchers tenus de les recevoir au cours.

Il est expressément défendu, sous peine d'amende, aux particuliers, de la payer, et aux bouchers de la vendre au-dessus du prix porté au présent tarif.

Le commissaire de police est invité à se rendre tous les matins aux dites boucheries et de dresser procès-verbal contre les contrevenants.

Ces prix, bien que n'ayant rien d'exagéré, et que nous considérerions aujourd'hui comme véritablement fabuleux de bon marché, ne furent pas maintenus bien longtemps. Par un nouvel arrêté du 15 germinal de la même année républicaine, c'est-à-dire un mois après son premier tarif, la municipalité en fit afficher un second, réduisant encore le prix de la viande d'environ un sou par livre.

La population ouvrière de la ville et des environs n'en souffrit pas moins de cette cherté relative qui occasionna quelques délits, sans grande importance, il est vrai, mais que la loi devait punir : L'hiver était rude, les malheureux avaient faim et froid ; — s'ils respectaient les boulangeries, ils saccageaient les bois et taillis des environs de la ville. Les forêts de Gimel et de Ganette étaient tout particulièrement dévastées.

Dans le courant. du mois de février (ventôse), l'administration du canton fut obligée d'informer le département que la forêt de Gimel était saccagée « par les habitants de la commune de Tulle, et que c'est là qu'ils vendent le bois qu'ils ont volé. Qu'ils ont menacé les agents et adjoints des communes de Gimel et de Chanac, qui leur représentaient combien leur conduite était répréhensible. » Cette administration demande, en conséquence, que des gendarmes soient postés à Saint-Adrian pour « arrêter les dilapidateurs, lorsqu'ils porteroient le bois. »

Le 25 floréal de la même année, avril 1796, la dévastation de la forêt de Gimel se continuant, ordre est donné à la gendarmerie de se transporter sur les diverses routes aboutissant à la forêt, afin d'arrêter les dilapidateurs et les traduire devant les tribunaux.

Bien plus que la loi et les menaces de l'autorité. la fin de la mauvaise saison, et le soleil de mai, préservèrent les forêts des environs de Tulle contre la hache des besogneux.

III

Rappel des lois contre les prêtres réfractaires. — La municipalité de Tulle refuse de faire appliquer ces lois. — Perquisitions à Tulle pour arrêter les prêtres réfractaires. — Rigueurs de l'Administration du canton rural. — Nouveau règlement concernant les prisons de Tulle. — Evasion d'un prêtre détenu. — Liste des détenus dans les prisons de Tulle. — Les prêtres disent la messe dans leur prison. — La prison des Carmes désaffectée faute de prisonniers.

La trève politique qui s'était faite à Tulle, en présence de la misère publique, ne fut qu'une courte accalmie. Les révolutionnaires, qui avaient vu le Conseil des Cinq-Cents remporter une belle victoire, en faisant élire au Directoire une majorité révolutionnaire lui assurant le gouvernement, reprirent l'offensive. — Ce fut le moment de faire revivre quelques-unes des vieilles lois de 1792 et 1793.

Le 16 frimaire an IV (7 décembre 1795), Béral, le commissaire du Directoire exécutif, requiert l'administration municipale de Tulle de faire publier, sans aucun délai, ces lois déjà vieilles de deux ans. Les considérants de sa réquisition disent « qu'aucun prêtre réfractaire de cette commune ne s'est conformé aux dites lois ; et qu'ils se sont tous cachés, dans l'espoir que celle du 3 brumaire serait rapportée, et que les citoyens qui les ont recélés n'ont peut-être pas cru encourir les peines portées contre eux par les dittes lois »

Il demande encore qu'il soit établi une liste de tous les parents des émigrés qui ont un domicile habituel dans la commune, et que ceux qui l'habitent actuellement soient contraints de se présenter devant la municipalité au mo.. une fois par décade.

La nouvelle municipalité refusa de se conformer à cette réquisition, s'appuyant sur ce que « la plupart des loix pénales rendues en 1792 et 1793 étaient des loix de circonstance, nécessaires peut-être à cette époque, mais qui ont dû disparaître au retour des principes de justice et d'humantié, et surtout depuis que l'acceptation d'une Constitution libre et l'établissement d'un gouvernement ferme et vigoureux rend inutiles et, par conséquent horribles des mesures révolutionnaires, que la seule raison du salut du peuple peut justifier. » Elle déclare donc n'y avoir lieu à délibérer, jusqu'à ce que le ministre de l'intérieur ait décidé si les citoyens chez qui peuvent être cachés les prêtres sont compris dans la loi du 3 brumaire.

Cette réponse de l'administration municipale porte la date du 18e frimaire an IV, elle est signée par *Laborderie*, président, *Chastang*, *Rigolle*, *Lagier* et *Chirac*, officiers municipaux. Mais ce même jour, un arrêté du département enjoint à la municipalité de faire « traduire à Bordeaux, de brigade en brigade, les prêtres reclus qui se trouveront compris dans les dispositions des loix de 1792 et 1793 ; que les prêtres seront préalablement visités par des officiers de santé pour s'assurer s'ils sont infirmes. »

Les citoyens Floucaud et Rigolle, officiers de santé, furent désignés à cet effet par le directoire du département et la municipalité.

Conduire à Bordeaux les prêtres *reclus* était facile, mais il était moins aisé de se saisir de ceux qui étaient libres ; aussi, le citoyen Béral adressat-il à l'administration municipale la réquisition suivante :

Le commissaire du directoire exécutif, considérant que tous les prêtres réfractaires de cette commune se sont soustraits à la loi qui ordonne leur déportation ou réclusion, et qu'ils ont dans leur domicile un échappatoire au moyen duquel ils peuvent se retirer dans les maisons voisines, requiert l'administration municipale de donner des ordres à la gendarmerie de se transporter sur-le-champ dans le domicile des prêtres réfractaires, avec autorisation de passer dans les maisons adhérentes à celles qu'ils habitent et qui sont ci-dessous désignées.

Sudour, Mesnager, Moussour, Lamore, Lagiers, Maschat, Ducros, Graviche, Fraisse, Seguy, Reynal, Sourie, Marpillat, Laporte et Savy.

Ce 29 frimaire an 4e.

BERAL.

Ce même jour encore, un arrêté signé par Laborderie, président, Rigolle, Chastang, Lagier et Chirac, officiers municipaux, ordonna les perquisitions demandées. Force restait à la loi.

Suivant l'exemple de la municipalité de la ville, celle du canton rural décida qu'il serait fait des recherches pour s'assurer s'il y avait, sur son territoire, des émigrés ou des prêtres réfractaires. Le 22 frimaire an IV, elle écrivit aux citoyens Soubranne, Bachellerie, Tramond et Saintipoly, notaires publics du canton, pour les inviter à donner, le plus tôt possible, des extraits de tous les papiers, titres, actes et pièces relatifs à l'actif et au passif des émigrés. Il fut décidé, en outre, qu'il serait pris tous les renseignements nécessaires pour découvrir les détenteurs de pareils titres.

La recherche des prêtres réfractaires fut ordonnée dans toutes les communes du canton. Il est vrai qu'une loi du 23 nivôse venait d'annoncer que tout fonctionnaire qui négligerait d'appliquer les lois relatives aux prêtres sujets à la déportation, ou à la réclusion, serait puni de deux années de détention.

Signalons, en passant, que le 2 ventôse an IV, l'administration cantonale faisait parvenir à l'administration centrale du département une « copie certifiée de la prestation de serment faite par les citoyens Delfaut et Fénis, le premier exerçant le ministère (curé) dans la commune de Ladignac, et l'autre dans celle de Naves, qui sont les seuls ministres en exercice dans notre canton » (1).

Le 30 ventôse, cette même administration cantonale arrête : « 1° que chaque agent municipal se ferait remettre les clefs du clocher, et qu'au cas où l'on sonnerait malgré la défense, hors les cas prévus dans l'arrêté du 22 ventôse, il en préviendrait sans délai l'administration municipale, qui prendrait toutes les mesures nécessaires à cet égard. »

Dans cette séance, il fut encore décidé que chaque commissaire, ou agent municipal, aurait à veiller à ce que aucun prêtre réfractaire ne pût trouver asile dans la commune sans être arrêté.

Le 12 messidor, l'administration centrale du département invite l'administration cantonale à mettre à exécution la loi du 20 floréal de cette même année, relativement au séquestre des biens les ascendants des émigrés, il lui est répondu qu'il

---

(1) Archives de la Mairie, registre 64, f. 13.

n'existait dans le canton rural de Tulle d'autres biens compris dans cette loi que ceux appartenant « aux citoyens et citoyennes veuve Jarrige, Devianne, Grandchamp et veuve Bonnetie, et qu'en conformité des ordres reçus de l'administration, du 16 au 21, du même mois, la mise du séquestre sur ces biens avait été suspendue.

Là ne se bornèrent pas les décisions de nos administrateurs urbains et suburbains.

Bien que les arrêtés de la municipalité eussent force de loi pour notre cité, ils n'en furent pas moins considérés comme lettre morte, la dite municipalité ayant été contrainte de les prendre, elle se souciait peu de les voir exécuter; aussi, le 11 pluviôse, le commissaire du directoire exécutif insiste pour que les lois de 1792 et 1793 et celles des 29 et 30 vendémiaire an IV, relatives aux prêtres sujets à la déportation, soient mises à exécution avec vigueur.

Il fut aussitôt décidé que « les prêtres détenus qui sont malades ou âgés de plus de 60 ans seront transportés dans la maison d'arrêt du collége. »

Un nouveau règlement est fait pour la police et la surveillance des maisons de réclusion des Carmes et du collége.

Voici le résumé des principaux articles de ce règlement :

L'entrée des maisons de réclusion est autorisée pour les domestiques ou autres personnes chargées de fournir la nourriture aux détenus.

Deux parents ou amis, désignés par les détenus, pourront les visiter chaque jour, toutes autres personnes ne pourront entrer qu'avec une autorisation écrite de la municipalité, et jamais la nuit, sauf pour des cas exceptionnels et non prévus,

« Les prêtres reclus au cy devant collége auront la faculté de se promener dans le jardin depuis midy jusqu'à deux heures, et depuis cinq heures jusqu'à sept heures du soir. Le matin, ils pourront se promener dans le dortoir à plein pied de la grande salle jusques à huit heures et demy, heure à laquelle l'administration est dans l'usage de se réunir. »

Les prêtres détenus aux Carmes étaient soumis au même règlement, cependant « cette maison étant destinée aux plus infirmes, ils auront la faculté de prendre l'air, quand ils le jugeront à propos, dans les jardins de cette maison, excepté sur la terrasse visant sur le grand chemin ».

Le 26 ventôse, il ne reste plus à Tulle que trois prêtres infirmes, qui ont été laissés chez eux, à cause de leur état de santé, ce sont les nommés Fraysse, Seguy et Soleilhet, prêtre non assermentés. Les nommés Soleilhet père, Tabanon et Bardon, officiers de santé, sont chargés de les visiter pour faire un rapport sur leur situation.

Le 29 ventôse, Faige, prêtre réfractaire, s'évade de la maison d'arrêt de Tulle. Le procès-verbal de constatation dit que « les deux papiers trouvés dans sa chambre seront par eux (les commissaires) paraphés et contresignés *ne varietur*, comme pouvant établir que ledit Faige contrefaisoit l'imbécile, dans le temps qu'il n'était rien moins que fou, comme il paroit par les dittes deux pièces qui ont été remises par le commissaire du directoire exécutif. »

En germinal, il y avait à Tulle trois maisons de détention : La maison de justice, la maison de réclusion des prêtres insermentés et la maison de détention servant de maison d'arrêt.

Le 24 germinal, l'administration municipale prit un arrêté accordant à tous les détenus, indistinctement et par jour, une livre et demie de pain, moitié froment, moitié seigle. Aux détenus jugés sans ressources, ni par eux ni par leurs parents: une demi-livre de viande et « un sou de potage pour la soupe » en plus de la livre et demie de pain ci-dessus.

« Il sera prélevé sur les meubles des émigrés destinés à être vendus, 40 matelas, 20 couvertes, 20 draps de lits, qui seront convertis en chemises pour fournir aux détenus indigents et sans aucune ressource. »

Voici une liste des détenus qui, à cette date, furent reconnus sans ressources « ny par eux ny par leurs parents »: Mais hâtons-nous de dire qu'à cette époque, comme de nos jours, les certificats de complaisance n'étaient pas rares, et que tel qui est ici signalé comme sans ressource avait peut-être un bas de laine bien garni.

Jean-Baptiste Calais, Pierre Bach, François Delors, Jean Chassaignes, François Brunerie, Léon Queyrel, Jean Reyjal, Latour, Segalas, Brousse, Chassaing, Audubert, Jean Dumas, Dufour, Jean-Joseph Brel, Boutang, Jean Albier, Pierre Jouannet, Jean Sudour, Sourries, Jacques Reynal, François Lagier, Jean-Martin Besse, Jean Valette, Jean-Joseph Marcillac, Joseph Lagier, Jean-Baptiste Maschat, Jean-Baptiste Dalmeyx, Géraud Breuil, François Greveiller, Léonard Espinat, François Lavaux, Pierre Chiniac, Pierre Reyjal, Jacques-François Nugon, Pierre Peyrinet, Jean-Pierre Jouvet et Pierre Certain.

Vient ensuite la liste des détenus reconnus comme ayant des ressources :

François Farges, Gaspard Amblard, Louis Labrue, Dalmeyx, Veans, Grabige, Jean-Gérard Mesnager, Jacques Lassalvanie, Jean-Baptiste Moussour, Jean-Baptiste Personne, Ventiaux, Antoine Lamore.

Soit 37 détenus sans ressources,
11 détenus avec ressources,
Total 48 détenus.

Peu de semaines après, le 19 prairial, deux des détenus ci-dessus, Baptiste Segalas et Jean Chassaing s'évadent de la maison d'arrêt.

Les prisonniers devaient être dans une chambre dont les fenêtres étaient pourvues de grilles, mais « à cause du mauvais air que l'on y respirait » on les laissait le jour dans une grande salle du collége, et la nuit dans cette salle grillagée.

Les prêtres internés à Tulle abusaient, paraît-il, des libertés qui leur étaient accordées, mais le citoyen Béral veillait, et il signala les abus à la municipalité qui prit l'arrèté suivant :

Vu le procès-verbal dressé par le commissaire du directoire exécutif qui nous a été communiqué ce jourd'huy, duquel il résulte que les prêtres reclus, abusant de la faculté qu'on leur avait donnée à chacun d'eux de voir deux de leurs parents ou amis, s'étaient permis de dire la messe et d'y laisser assister les personnes qui les voyaient.

Qu'il paraît qu'au moment où le commissaire s'est transporté en la maison de réclusion, Reynal, prêtre, y disoit la messe, et qu'il y avoit assisté trente personnes.

Que le concierge y a laissé entrer non seulement des personnes qui n'avoient pas de billet, mais encore des personnes porteuses de billets dont la date avoit été altérée.

Considérant que si la Constitution qui a été acceptée par le peuple français assure le libre exercice du culte, il n'en est pas moins vrai que cet exercice ne peut et ne doit avoir lieu que conformément aux loix qui le défendent aux prêtres insermentés tant qu'ils sont en réclusion.

Considérant aussi que l'apposition des scellés faitte par le commissaire est illégale puisque toute apposition des scellés nécessite un garde dont le salaire deviendroit dispendieux à la République; et illusoire, n'ayant pas été nommé de garde-scellés, personne n'en est responsable, il peut être enlevé sans qu'on puisse en faire punir l'auteur.

L'administration municipale arrête :

1° Qu'elle se transportera demain matin, avec le commissaire, à l'heure de neuf, à la maison de réclusion, pour procéder à la levée du scellé, qu'il sera fait procès-verbal de tout ce qui existe dans la chambre au-dessus de la sacristie, que le tout sera fermé dans une armoire dont l'administration gardera la clef, ainsi que celle de la porte d'entrée de la ditte chambre.

2° Que le concierge sera destitué et qu'il sera remplacé.

3° Que les prêtres reclus ne pourront, sous aucun prétexte, voir personne avant midi, les jours de dimanches et fêtes; les personnes qui leur porteront les aliments avant l'heure susditte et les susdits jours, les remettront ou au concierge ou à l'infirmerie.

4° Le présent arrêté sera notifié aux prêtres reclus et affiché à la porte du concierge.

Fait à Tulle, en la maison commune, le 30 messidor an 4e de la Rép.

LABORDERIE

CHIRAC, of. m.; RIGOLLE, of. m.; LAGIER, of. m.; CHASTANG, of. m.

Notons ici en passant, que le 13 nivôse an V, il

n'y avait plus qu'un seul prisonnier dans la maison des ci-devant Carmes, qui appartenait alors à la citoyenne Barel-Brival, et que, d'accord avec cette,citoyenne, la municipalité résilia la location de cet immeuble. Par convention spéciale, le citoyen Bernard Guillemy, ci-devant garde, se chargea de répondre du reclus sans demander aucune espèce de salaire. L'administration municipale arrêta alors que Pierre Ligner, reclus, demeurerait dans une chambre de la maison ci devant Carmes, provisoirement, et « sous la surveillance du garde ci dessus nommé, et aux mêmes clauses et conditions ».

La situation du prisonnier n'était vraiment pas trop lamentable, et les évasions signalées ci-avant étaient faciles, avec un pareil régime de surveillance.

IV

Les farandoles recommencent. — Nuits tumultueuses. — Les conscrits de l'an IV et les prêtres de leur âge. — La crise ouvrière. — L'hospice de Tulle sans ressources. — Réorganisation du conseil d'administration de la manufacture d'armes. — Sa composition. — Les émolument des chefs. — La ligue des travailleurs. — Révision des prix de fabrication des armes. — Le drapeau des ouvriers détruit. — Le mouvement ouvrier se propage. — La poudrière de Souillac est pillée.

Notre historique documentaire nous reporte maintenant à l'arrêté pris par la municipalité de Tulle le 9 frimaire de l'an IV.

Cette recrudescence de sévérité contre les prêtres réfractaires réveilla les esprits tullois. On recommença à *farandoller* dans les rues, le jour d'abord, puis le soir. Les nuits devinrent moins calmes, on chantait des chansons révolutionnaires, en affectant de s'arrêter auprès des maisons habitées par les personnes reconnues hostiles au gouvernement. Aussi, sur la demande du commissaire du directoire exécutif, l'administration dut prendre un arrêté au sujet des tapages nocturnes qui troublaient la ville :

Vu le réquisitoire du commissaire du directoire exécutif l'administration municipale considérant que depuis quelques jours des citoyens de cette commune cherchent à troubler l'ordre public, se réunissent en groupe pendant la nuit et parcourent les rues en chantant soit des chansons républicaines, soit le réveil du peuple, considérant qu'elle est instruite, que les mêmes citoyens affectent de s'arrêter au-devant de certaines maisons, et qui se sont permis d'y crier des invectives.

Considérant enfin qu'une pareille conduite pourrait être la source de plus grands maux, l'administration municipale chargée de veiller au maintien de la tranquillité publique, à l'exécution des lois, et à ce qu'on ne controvienne à aucun point de la Constitution, arrête :

1° Qu'il est fait inhibition et deffense à tous les citoyens de la commune de se réunir en groupe et de courir les rues pendant la nuit, en chantant soit des chansons républicaines, soit le réveil du peuple, propre à troubler la tranquillité publique, et de ne crier aucune espèce d'invective contre qui que ce soit, elle invite les citoyens de cette commune à se conformer strictement à l'arrêté du directoire exécutif qui fait deffense de chanter le reveil du peuple.

Le capitaine de la gendarmerie est requis de faire conduire à la maison d'arrêt quiconque contreviendra au présent arrêté dont copie luy sera adressée à cet effet.

L'administration municipale désirant sincèrement de maintenir la tranquillité publique sur cette commune ne cessera d'exhorter ses concitoyens à l'union, à la concorde, à la soumission aux lois et au gouvernement, elle les invite à déposer toute haine et toute rancune pour ne s'attacher qu'à la République et à la Constitution qui seule peut faire le bonheur du peuple.

Délibéré à Tulle, en la maison commune, en la séance du trois pluviose an 4e rep.

LABORDERIE, président ; CHIRAC, of. m. ; RIGOLLE, of. m. ; CHASTANG, of. m.

L'administration municipale et le commissaire du Directoire exécutif ne faisaient pas très bon ménage ensemble, les procès-verbaux de la municipalité en font foi, et souvent le commissaire, à cheval sur les lois, rappelait à l'ordre les administrateurs municipaux.

Il s'agissait alors des jeunes prêtres constitutionnels que la municipalité disait ne pas devoir être compris dans la loi de réquisition. Elle invita donc « le commissaire du directoire exécutif de déclarer s'il persiste à prétendre que les prêtres constitutionnels doivent être compris dans la réquisition, avec les raisons à l'appuy de son opinion. »

Le commissaire du directoire exécutif persiste à être d'avis que les prêtres qui étaient dans l'âge de 18 à 25 ans lors de la publication de la loi du 23 août 93 doivent être compris dans la réquisition ; il fonde son opinion sur ce que la nation ne salariant les ministres d'aucune religion les prêtres catholiques rentrent dans la classe des autres citoyens, et ne doivent jouir d'aucun privilège ny exception, non plus que les ministres des autres cultes.

Ce 29 frimaire an 4e.

BÉRAL.

Cette mesure ne pouvait que raviver le feu des passions politiques et susciter de nouvelles difficultés à l'administration municipale. D'un autre côté, la nécessité de subvenir aux besoins de la population tulloise se faisait impérieusement sentir. Les cultivateurs pauvres des communes voisines, qui s'étaient réfugiés à Tulle, ne trouvaient plus le travail indispensable pour assurer leur existence matérielle. L'hôpital de la ville regorgeait d'infirmes et manquait des ressources nécessaires pour alimenter toute cette population de miséreux.

En frimaire an IV, l'administration se vit obligée d'autoriser une quête qui fut faite dans tout le canton rural, comme dans la ville, pour subvenir aux besoins pressants des indigents et malades qui se se trouvaient à l'hospice de Tulle, cet établissement ayant épuisé toutes ses ressources (1).

Il y avait encore les ouvriers de la manufacture d'armes qui depuis longtemps se plaignaient du prix qui leur était accordé pour la fabrication des pièces d'armes. Plusieurs fois ces plaintes s'étaient manifestées avec une certaine acuité, une crise ouvrière devenait imminente.

On s'était occupé de donner la plus grande extension à la fabrication des armes de guerre, on avait recruté le plus grand nombre possible d'ouvriers ; de nouveaux ateliers avaient été créés. Les locaux de l'ancien couvent de Saint-Bernard venaient d'être transformés en ateliers d'armurerie, enfin on avait réorganisé le conseil d'administration de la manufacture nationale. A ce propos rappelons sa composition et les émoluments attribués à chacun des agents de cette administration :

Béral, inspecteur, par an.	3000	livres ;
Compas, 2me inspecteur.	2400	»
Mollet, contrôleur du fusil	2000	»
Dombret » » des canons. . .	2000	»
Duchier » » des platines . .	2000	»
Amat, réviseur des canons.	1800	»
Thénèze » » des montures . . .	1800	»
Thomas Bomblet, rev. des platines	1800	»
Gillet, garde magasin.	1200	»
Ludière, secrétaire.	1200	»

Un inspecteur général fut envoyé de Paris pour

---

(1) Voir notre brochure : *Un Hôpital-Hospice industriel aux XVIIe et XVIIIe siècle.* Imp. Crauffon, Tulle 1907.

prendre toutes les mesures propres à activer la fabrication.

Mais il ne suffisait pas d'améliorer la situation des chefs, il fallait aussi penser à l'ouvrier et lui procurer les moyens de subvenir à son existence et à celle de sa famille. Les gouvernants du moment l'oublièrent trop, et les ouvriers se virent dans l'obligation de s'unir pour protester.

Une petite ligue des travailleurs se forma entre les ouvriers employés à la manufacture d'armes, elle eut ses réunions, son drapeau, et manifesta même dans la rue. Timidement d'abord, puis, avec plus de fermeté, elle parcourut la ville, drapeau déployé, revendiquant ses droits.

Le 24 nivôse an IV, il fut donné lecture, au conseil de l'administration municipale, d'une lettre qui lui était adressée par le « conseil d'administration de la manufacture d'armes à feu de Tulle, dans laquelle il invite l'administration municipale, en conformité de la loy, à nommer des commissaires pour procéder, conjointement avec le conseil d'administration, à une nouvelle fixation du prix des armes qui se fabriquent dans la dite manufacture ».

Le conseil municipal désigna, en qualité de commissaires, les citoyens Lagier et Chastang, officiers municipaux ; Libouroux et Rigaudie, marchands à Tulle.

Nommer des commissaires et laisser espérer une révision des prix, était bien une sorte de satisfaction donnée aux réclamations des travailleurs, mais ce n'était pas avec des promesses que l'ouvrier pouvait subvenir à ses besoins immédiats. Aucune autre décision n'étant prise, les ouvriers se réunirent de nouveau, et, drapeau déployé et tambours battants, ils parcoururent les rues de la ville, accentuant leurs démonstrations précédentes, sans cependant se livrer à aucun acte répréhensible. La municipalité s'émut alors et fit publier et afficher l'arrêté suivant :

L'administration municipale considérant que les ouvriers de la Manufacture se sont réunis hier avec tambour et drapeau sans y être autorisés, arrête : Ouï le commissaire du directoire exécutif, qu'il est fait deffense aux tambours de la commune de passer la caisse pour quel motif que ce soit sans une permission expresse de la municipalité, sous peine d'être mis pendant trois jours en la maison d'arrêt et d'autres plus grandes peines en cas de récidive.

Elle arrête aussi que le drapeau des ouvriers de la Manufacture sera remis dans le jour au conseil d'administration et qu'il ne pourra sortir sans une permission de la municipalité.

Cet arrêté fut pris le 3 pluviôse. Il fut, suivant la loi, communiqué aux directoires du district et du département, et d'accord avec ce dernier l'administration municipale procéda, le 8 du même mois, à la destruction du drapeau des ouvriers. Le procès-verbal qui fut dressé à ce sujet dit que : « les citoyens Brousse, Amat et Bousset, ouvriers à la manufacture, ayant été appellés pour assister au dépècement du drapeau des ouvriers de la manufacture, ordonné par le département de la Corrèze, et s'étant rendus à la séance, ledit drapeau a été dépécé en leur présence, et les débris leur ont été remis comme leur appartenant ».

Ce procès-verbal porte les signatures de *Brousse* et *Amat*, et au-dessous celles de *Laborderie*, président ; *Chastang*, *Lagier*, *Chirac* et *Rigolle*, officiers municipaux ; et *Béral*, commissaire.

Il est facile de comprendre combien cette décision fut mal accueillie par le parti ouvrier de la ville et des environs. Le mécontentement était général ; les ouvriers tullois n'étaient pas seuls en cause ; ceux de Laguenne, Treignac, de même que ceux occupés dans les ateliers ou usines, sous la dépendance des inspecteurs et directeurs de notre manufacture, réclamaient toujours une révision des tarifs. D'autre part, le mouvement tullois menaçait de s'étendre, non-seulement dans le département en entier, mais encore dans les départements voisins, car, à cette époque, les forges et fournaux de la Grénerie, de Beau-Soleil, dans la Dordogne, Faye, Chauffaille, Besson, Miremont et autres étaient affectés à l'approvisionnement de notre manufacture d'armes.

Des actes trop significatifs se commettaient depuis quelques semaines, tant à Tulle qu'aux environs.

Dans la nuit du 28 au 29 ventôse, peu après la destruction du drapeau des ouvriers, la porte de la poudrière de la manufacture, qui était à Souillac, fut enfoncée et toute la poudre qu'elle renfermait emportée, sans qu'on parvint à découvrir les auteurs du larcin.

Ce fait seul indiquait que le parti ouvrier était sur le point d'agir avec violence. Les armes ne lui manquaient pas ; chaque ouvrier avait son fusil, en plus ou moins bon état, il est vrai, — souvent même fabriqué avec des pièces de rebut, mais n'en faisant pas moins une arme pouvant bien fonctionner, surtout entre les mains de nos ouvriers experts. La plus grande prudence était nécessaire, les autorités surent le comprendre.

V

Anniversaire de la mort de Louis XVI. — Le général Roux-Fazillac à Tulle. — Un officier municipal menacé. — Tulle dans les ténèbres. — Elections complémentaires. — Les nouveaux élus. — Promenade civique. — Installation du juge de paix et des officiers municipaux. — Vol des registres de la société populaire. — L'administration municipale insultée. — Accusations contre le greffier de la maison commune.

Une occasion se présentait, pour la municipalité, de rétablir, dans une certaine mesure, l'union entre les partis. Le Directoire avait décidé la célébration de l'anniversaire de la mort de Louis XVI. Les membres du département étaient en partie, démissionnaires ou destitués ; c'était donc à la municipalité de Tulle de pourvoir à l'exécution des ordres donnés par l'assemblée nationale, elle le fit, le 1er pluviôse an IV, avec quelques considérants qu'il n'est pas sans intérêt de rappeler.

Considérant que le but de cette fête doit être d'inspirer à tous les Français la haine de la royauté et de la tyrannie, l'amour de la liberté, l'attachement à la République et à la Constitution qui vient d'être acceptée par le peuple français et qui doit faire son bonheur.

L'administration municipale, ouï le commissaire du directoire exécutif, arrête que lorsque le peuple sera réuni dans la cour du cy devant collège pour y célébrer l'anniversaire de la juste punition du dernier roy des Français, chacun des membres de la municipalité *jurera individuel-*

lement, en présence du peuple, haine éternelle à la royauté, attachement inviolable à la République et à la Constitution, soumission aux lois et au gouvernement, amour, concorde et fraternité entre tous les Français.

Les fonctionnaires publics seront invités de prêter le même serment, en présence du peuple, qui de son coté sera aussy invité de le pretter en masse ; — de tout quoy sera dressé procès-verbal.

L'administration municipale espère que dans cette journée qui nous rappelle une époque à jamais mémorable, chaque citoyen attachant à un même faisceau le dépôt sincère de toute rancune, et l'oubli du passé, jurera en même temps de ne s'attacher qu'à l'exécution des lois et de concourir de toutes ses forces à l'affermissement de la République.

LABORDERIE, président ; CHIRAC, LAGIER, RIGOLLE, CHASTANG, officiers municipaux ; et BÉRAL, commissaire.

Le lendemain se présentait à la municipalité le citoyen Fazillac, général de brigade, chargé par le ministre de la guerre de faire rejoindre les jeunes gens de la première réquisition et ceux qui étaient considérés comme déserteurs à l'intérieur.

Ce général de brigade joua un certain rôle en sa qualité de commissaire du gouvernement délégué dans les départements de la Corrèze, du Lot, du Lot-et-Garonne, de la Dordogne et de la Charente, mais ce n'est pas le cas de nous en occuper dans le présent travail, nous en avons déjà parlé dans notre étude sur les *Fêtes nationales et cérémonies publiques à Tulle* sous la Révolution et la première République.

Une année entière s'était écoulée depuis l'arrivée à Tulle de ce général, année de misère pour tous. Nous voici à la fin du mois de pluviôse de l'an V (janvier 1797). La situation politique ne s'était pas modifiée, il y avait toujours à Tulle un noyau d'aristocrates dissimulés qui propageait l'élément de discorde parmi les ouvriers.

Les mécontents ne se bornaient plus à des manifestations générales, en troublant la ville par des chants et des cris nocturnes ; ils invectivaient les gens, voire même les fonctionnaires qu'ils soupçonnaient de leur être hostiles. Des menaces étaient encore adressées à certains membres de l'administration et entre autres au citoyen Rigolle, officier municipal.

L'administration renouvella sa défense de troubler le repos public de quelque manière que ce fut. Elle interdit aussi à tous les aubergistes de donner à boire aux citoyens, après sept heures du soir. Cet arrêté fut pris dans la séance du 1er ventôse an V.

Le citoyen Rigolle, requis par le commissaire du directoire de s'expliquer sur certains faits dénoncés à l'administration municipale, déclara que ce qu'il avait énoncé avait trait à une rixe qui avait eu lieu la veille, dans la rue du Trech, et « dont les suites pouvaient menacer la tranquillité publique » et il ajouta :

Que les membres qui composent cette administration (municipale) et ceux du département, lors présents également, affligés de voir les ferments de troubles que des malintentionnés s'efforçaient de semer dans la commune de Tulle, il fut unanimement reconnu que ces divisions prennent leur source dans les opinions politiques de quelques individus, qui ne voulant rien oublier, cherchent à tous prix des occasions de désordre.

Les hommes qui peuvent être encore attachés aux deux factions qui ne cessent de tramer contre la sureté de la Republique en seront également accusés et come les partisants de la royauté et les amis de Babeuf doivent avoir la même horreur pour le republicain sincère qui s'est déclaré franchement affectionné à la Constitution de l'an trois, le soussigné en articulant que ces deux espèces d'hommes paraissaient encore avoir des projets, ajouta qu'il avait été averti de ne point sortir sans armes.

Mais l'arrêté du 1er ventôse ne produisit que bien peu d'effet, car, dans la soirée du 5 au 6 de ce même mois, la ville fut le théâtre d'une bagarre sanglante, où l'autorité dût intervenir.

Le 6 ventôse, l'administration prit un nouvel arrêté interdisant à tous les citoyens de sortir sans lumière, après huit heures du soir. Tout contrevenant devrait aussitôt être arrêté et puni selon la rigueur des lois. Cet arrêté nous montre trop bien qu'elle était la situation de notre cité pour que nous ne le donnions pas *in-extenso*. Nous y verrons qu'en 1796, Tulle était non seulement sans argent, mais encore sans aucune espèce d'éclairage la nuit; les reverbères n'existaient encore pas chez nous !

Séance du 6e ventôse 5e année republicaine.

L'administration municipale considérant que le malheureux évènement arrivé hier au soir sur cette commune mérite toute sa sollicitude et doit prévenir de nouveaux malheurs.

Considérant que ces moyens seraient faciles à prendre si les fonds de la commune étaient suffisants pour se procurer des reverbères ou des lanternes, que dès lors nos concitoyens et les étrangers pourraient vaquer pendant la soirée à leurs affaires respectives sans encourir de grands dangers ;

Considérant que dénué de ce secours essentiel par la pénurie de ses ressources et voulant néanmoins faire jouir ses administrés de toute la sureté possible pendant la nuit comme dans le jour ;

L'administration municipale en persistant à faire exécuter tous les articles de son arrêté pris le premier de ce mois, arrête en outre qu'aucun citoyen ne pourra sortir sans lumière après les huit heures du soir et que tous les contrevenants à cet article additionnel seront incontinent arrêtés et punis selon rigueur des loix.

Fait et clos les susdits jours, mois et an que dessus.

LABORDERIE, président ; LAGIER, of. m.;
RIGOLLE, of. m.; CHASTANG, of. m.

Cet arrêté qui, à une époque si troublée, conciliait l'intérêt général et les intérêts particuliers, ne pouvait qu'être approuvé par les habitants qui s'y conformèrent.

Alors, notre vieille ville connaissait à peine les reverbères ; les rues, étroites et sombres le jour, étaient, la nuit, dans de profondes ténèbres. L'un des quartiers le plus fréquenté, celui des bords de la Solane, était tout particulièrement dangereux pour la circulation, en raison des matériaux déposés sur la rive droite de ce ruisseau. Ces dépôts provenaient de la construction des nombreux ponts qu'on établissait sur la Solane.

En 1796, ce ruisseau coulait à ciel ouvert dans toute la traversée de la ville. Partant de la Corrèze, une rue, entrecoupée de petites places, longeait la rive droite jusqu'au point où débouchent, de nos jours, la rue François Bonnélye et la rue du Fouret. La rive gauche était bordée de constructions dont la base baignait dans le ruisseau. Les communications d'une rive à l'autre étaient facilitées par sept ponts, mais un habitant de la rive gauche, trouvant la distance à parcourir trop longue, imagina de solliciter l'autorisation de construire un pont particulier, pour avoir accès direct sur la principale rue de la ville. L'autorisation fut accordée et bientôt, suivant cet exemple, bon nombre de propriétaires demandèrent la même faveur, qui ne fut pas refusée. Nos pères avaient ainsi prévu qu'un jour la Solane serait entièrement couverte.

Bien que le pittoresque y ait perdu, le tableau, d'une partie de la Solane couverte, que nous avons eu sous les yeux dans notre jeunesse, n'est pas à regretter ; l'hygiène y a gagné.

Notons en passant que les ponts construits à cette époque étaient en bois, avec culées en pierre, et ne pouvaient durer plus de quelques années. Ils furent plus tard remplacés par des ponts en pierre.

Nous avons sous les yeux un mémoire de construction bien intéressant. Il nous apprend que les fouilles se payaient 0 fr. 40 le mètre cube. La maçonnerie de moellons 11 fr. 46 ; celle des cintres 18 fr.; les chappes recouvrant la maçonnerie 25 fr. 29 le mètre carré. Les remblais se payaient 1 fr. le mètre cube, le mètre carré de pavé 0 fr. 76. Enfin un pont complet coûtait 1584 francs, soit 200 fr. le mètre courant.

Les conditions de construction étaient en général : 1° placer les dessous des poutres au même niveau que celles des ponts situés en amont de la Solane, selon les instructions qui étaient données par l'ingénieur en chef. — 2° Entretenir le quai qui faisait face à la maison du demandeur, sur une longueur correspondant à celle de la maison. — 3° Nettoyage, dragage et entretien du lit du ruisseau, sur cette même longueur, et une toise au-dessous. — 4° Qu'aucune saillie ni obstacle pouvant nuire au public ne devait être faite. — 5° Une somme variable était demandée pour un service municipal quelconque. Le 29 ventôse an V on demandait 18 livres qui devaient être employées à la réparation de l'horloge de la commune.

Le lecteur voudra bien nous pardonner une aussi longue digression en raison de l'intérêt que présente le document cité qui est peut-être très rare.

Selon la loi du 4 germinal an V, il fut procédé à l'élection de deux assesseurs du juge de paix ; les citoyens *Lagier* aîné, et *Melon-Pradoux* furent élus. Le lendemain, 5 germinal, il fut procédé aux élections complémentaires des officiers municipaux. Les citoyens *Dumirat*, neveu ; *Froment*, fils aîné ; *Marc-Galand* et *Tramond-Malpeuch* furent élus.

Ce même jour, pour ne pas en perdre l'habitude, et honorer les nouveaux élus l'assemblée communale décida :

La demande faite par les citoyens des deux sections (les Feuillants et les Recollets) tendant à obtenir immédiatement après la proclamation des officiers municipaux nouvellement élus, une promenade civique, l'administration municipale a obtempéré à leur demande et arrêté que la clôture des assemblées primaires serait annoncée au peuple au son de la cloche qui avait servi à la réunion des citoyens pendant la tenue des dites assemblées.

La promenade civique eut lieu, peut être sans incident notable, car nous n'avons trouvé aucune autre trace de cette cérémonie.

Deux jours après, le 6 germinal an V, les assesseurs du juge de paix et les nouveaux officiers municipaux étaient installés, mais il est à constater que le procès-verbal d'installation, inscrit sur le registre de la municipalité, ne fait mention d'aucune prestation de serment.

Cette période électorale fut marquée par un incident qui fit quelque bruit parmi les politiciens du moment.

Le 27 floréal an V, l'administration municipale fut informée que le registre de l'an II et de l'an III de la Société populaire de Tulle avait été enlevé des archives de cette société, elle ordonna aussitôt des recherches à l'effet de retrouver ces documents (1).

Pour éviter de nouveaux troubles, les autorités et la direction de la manufacture d'armes avaient, dans une certaine mesure, donné satisfaction aux réclamations des ouvriers, on avait enfin reconnu que la question politique n'était pas la note dominante dans le concert populaire, et que l'amélioration des tarifs de la fabrication des armes de guerre valait mieux que toutes les proclamations municipales ou autres.

Il était un peu tard cependant pour éteindre le feu des revendications ; l'ouvrier, à demi satisfait seulement, réclamait toujours. L'appétit vient en mangeant.

L'ouvrier armurier n'était pas seul à réclamer, les autres corps de métier s'étaient joints à eux, et les agissements de la municipalité ne faisaient

---

(1) Les archives de la ville de Tulle conservent un registre des délibérations de cette Société qui commence au 5 juin, an second de la liberté (1790), et se termine au 28 brumaire de l'an II de la République (19 novembre 1793). Malgré nos minutieuses recherches nous n'avons pu retrouver le registre suivant, ce qui est véritablement fâcheux car cela fera défaut pour l'histoire de cette période politique de notre ville.

Nous publierons prochainement les délibérations portées sur le registre que nous connaissons.

qu'accroître le mécontentement, en diminuant chez le peuple le respect de son autorité, comme le prouve le fait suivant, que nous relevons dans le procès-verbal de la séance du 2 messidor an V.

Un nommé Chambon « militaire estropié » réclame une paire de souliers à l'administration municipale. Le président lui répond qu'il n'est pas possible à la municipalité de faire droit à sa demande. Chambon, après avoir injurié le Conseil, repète à plusieurs reprises que « toute l'administration municipale était composée d'aristocrates, de foutus coquins et de scélérats ». Chambon fut arrêté sur l'ordre des officiers municipaux et livré au tribunal (1).

Dans une séance ultérieure, le 15 messidor, c'est le citoyen Laval, greffier de l'administration municipale, et son frère, le percepteur de la commune, qui sont pris à partie par le citoyen Pascal Faure qui se prétend lésé d'une somme de 26 livres sur sa contribution de l'an précédent ; il dit avoir payé cette somme, le percepteur le nie.

En présence du conseil, Pascal Faure déclare « que Laval, greffier de l'administration, aurait dû être guillotiné, parce qu'il avait une correspondance suivie avec les émigrés, et qu'il en était assuré, et qu'il le prouverait, et que s'il l'avait voulu il l'aurait fait guillotiner avec d'Arche ». Procès verbal de ces assertions fut dressé sur la demande de Laval (2).

(1) Archives de la Mairie de Tulle., D. I.. folio 130.
(2) Id. id. folio 133.

VI

La ville gardée par les vétérans, la garde nationale et la colonne mobile. — Conflit entre le commissaire du directoire et la municipalité. — Défense de sortir avec des armes. — Le serment de la municipalité. – Les foires de la Saint-Clair. — Règlement de police à ce sujet. — Prix du pain. — Les fêtes patriotiques. — Troubles à Beaulieu, Meymac, Ussel, etc. — Proclamation à ce sujet. — Réélection des officiers de la garde nationale.

Aussitôt complétée, la nouvelle municipalité, qui avait élu Tramond-Malpeuch comme officier public, et conservé Laborderie en qualité de président, s'occupa de prendre les mesures de police nécessaires en vue de la réunion à Tulle des assemblées électorales. Cette mesure lui fut dictée, comme l'avoue le procès-verbal de la séance du 9 germinal de l'an V, parce qu'elle « vient d'être informée qu'il se livre journellement des combats particuliers parmi les citoyens de la commune et qu'il est urgent de prendre les moyens qui seront en son pouvoir pour prévenir que les affaires individuelles ne se généralisent, considérant encore que la proximité des assemblées électorales, qui donnera lieu à la réunion d'un grand nombre de citoyens, doit être un motif de plus pour déterminer à monter la garde. »

Il fut donc arrêté que dix hommes de la compagnie des vétérans, et quinze hommes de la garde nationale sédentaire, seraient de garde journellement, au poste de police, depuis sept heures du matin jusqu'à sept heures du soir.

Vingt hommes de la colonne mobile devaient prendre le service de nuit à sept heures du soir et l'assurer jusqu'à sept heures du matin.

Le poste de jour devait être commandé alternativement par un officier de la compagnie des vétérans et par un officier de la garde nationale sédentaire. — Le poste de nuit, par un officier de la colonne mobile.

Nous avons vu précédemment que depuis la nomination du citoyen Béral au poste de commissaire du directoire auprès de la municipalité présidée par le citoyen Laborderie, l'autorité municipale et l'autorité directoriale étaient souvent en désaccord. — Seule, la manière d'envisager la situation politique créait l'antagonisme entre ces deux autorités ; une preuve nouvelle en fut donnée en germinal an V.

Le 6 germinal an V, la municipalité venant d'installer ses nouveaux membres, prit un arrêté au sujet duquel le commissaire du directoire écrit ce qui suit :

La municipalité a pris et fait proclamer, le 6 germinal courant, un arrêté contenant deffense à tout citoyen de porter des armes, soit de nuit, soit de jour, sous peine d'être arrêté sur-le-champ. Considérant que le même arrêté porte aussi deffense de chanter (sans excepter les airs patriotiques autorisés par le gouvernement). Considérant que cet arrêté illégal, pris contre son vœu doit être couché sur le registre, ainsi que celui qui doit le rapporter en conformité des ordres exprès du département, adressé hier soir au président de la municipalité.

Requiert 1° que l'arrêté inconstitutionnel pris par l'administration municipale, le 6 du courant, soit transcrit sur les registres, attendu que nulle délibération ne peut être prise sans y être couchée. 2° Que la lettre du département soit transcrite à la suite. 3° Que l'administration rapporte sur-le-champ son arrêté illégal et qu'elle fasse publier celui qui le rapportera de la même manière qu'elle fit publier celui du 6 germinal courant.

Fait dans la séance du matin du 20 germinal au 5e de la République.

BÉRAL

Le 22 germinal, l'administration municipale s'exécutait et prenait un nouvel arrêté donnant entière satisfaction au commissaire du directoire. Il serait trop long de citer les documents relatifs à cette affaire; nous relaterons cependant la lettre de service adressée par la municipalité au commandant de la gendarmerie.

Ce correctif de l'arrêté municipal est un document essentiel pour notre étude historique.

Tulle, le 22e germinal l'an V de la Rep. fr. une et ind.

L'administration municipale de la commune de Tulle

Au Citoyen commandant la gendarmerie nationale,

L'administration municipale vous prévient de nouveau, Citoyen, que l'article de son arrêté du six de ce mois, portant qu'il est défendu à tout citoyen de la commune de sortir avec des armes offensives et le jour et la nuit, hors les cas de service, est rapporté, et que désormais les patrouilles doivent se borner à arrêter les individus qui se permettraient de chanter le *Réveil du Peuple*, ou toutes autres chansons patriotiques avec des hurlements ou des tons de provocation. Vous voudrez vous conformer aux dispositions de la présente et nous en accuser réception.

Salut et fraternité.

LABORDERIE, président ; FROMENT, MARC-GALAND et TRAMOND-MALPEUCH, officiers municipaux.

D'autres preuves d'inimitié entre les membres de la municipalité et le représentant du Directoire exécutif se trouvent dans plusieurs actes, citons simplement, pour en finir avec cette mesquinerie de personnes, le fait suivant :

Nous avons vu que les nouveaux officiers municipaux avaient été installés le 6 germinal, et nous avons fait la remarque que le procès-verbal ne portait aucune mention de la prestation du serment obligatoire. Quinze jours plus tard, le registre municipal porte une réquisition du commissaire du Directoire pour que le serment, exigé par la loi, soit prêté par les nouveaux officiers municipaux, et que mention en soit faite sur le registre des procès-verbaux de la commune.

La municipalité répond par un *échappatoire* (style de l'époque), elle dit que le commissaire n'avait pas, ce jour-là, exigé le serment, mais qu'il avait été, cependant, inscrit sur *la minute déposée au secrétariat*, et, cette fois-ci, elle le fait transcrire sur le registre légal.

Cet article étant intéressant dans sa forme, au point de vue historique, nous le reproduisons ci-après :

Extrait des minutes du greffe de l'administration municipale de Tulle, chef-lieu du département de la Corrèze.

Aujourd'hui, six germinal an 5e de la République française, une et indivisible, sont comparus au secrétariat de l'administration municipale de Tulle, par devant le président de la ditte administration, les citoyens Tramond-Malpeuch, Marc-Galand et Froment fils aîné, officiers municipaux élus hier par le peuple, lesquels ont déclaré n'être point parents ni alliés d'émigrés, et ont juré individuellement haîne à la royauté et à l'anarchie. Ils nous ont demandé acte de leur déclaration qui demeurera au greffe de l'administration et ont signé avec nous.

Signé à l'original: Laborderie, président; Tramond-Malpeuch, of. m.; Marc-Galand, of. m.; Froment, of. m. et Laval aîné, greffier.

Enregistré conformément à l'arrêté ci-dessus, à Tulle, en la maison commune, les susdits jour, mois et an.

LABORDERIE, président ; LAVAL AINÉ, greffier.

Les foires de la Saint-Clair étaient, à Tulle, sous la République, bien plus importantes qu'elles ne le sont de nos jours, elles attiraient un nombre relativement considérable d'étrangers, marchands ou acheteurs. Aussi la municipalité de l'époque se préoccupait-elle d'avance des mesures de police à prendre au sujet de ces foires qui, commençant le premier juin (vieux style, comme on le disait alors), duraient jusqu'au 8 ou 10 du même mois.

Le registre municipal de l'époque nous donne, à la date du 6 prairial de l'an V, un arrêté à ce sujet. Un membre de l'administration demande au Conseil ce qui suit :

. . . . .

En attendant que vous puissiez faire un nouveau règlement qui embrasse toutes les parties de la police qui vous est confiée, et dans un moment surtout où la foire va nous procurer un grand concours de citoyens étrangers, vous délibériez sur différents objets.....

1° La diminution du pain, vu celle des grains pendant plusieurs marchés consécutifs.

2° Qu'il soit enjoint à tout marchand, tant en gros qu'en détail, d'avoir des poids, balances et mesures en règle.

3° Que les bouteilles des aubergistes et cabaretiers soyent vérifiées.

4° Que défense soit faite aux revendeurs et revendeuses et à tous autres citoyens, sans exception quelconque, d'aller au-devant de ceux qui apportent le gibier, de la volaille, des œufs, du beurre, du fromage, du poisson, des fruits, légumes et autres denrées nécessaires à la vie, et d'en acheter ailleurs que dans les marchés ordinaires de la commune.

Et pour que les citoyens ayent la faculté de se pourvoir, qu'il soit pareillement défendu aux revendeurs et revendeuses de se présenter aux marchés avant l'heure qu'il vous plaira de leur fixer.

Sur cette proposition, l'administration arrêta le prix du pain comme suit :

Le pain blanc, bien cuit et bien conditionné, 3 sous 9 deniers la livre.

Le pain de tourte, également bien conditionné, 2 sous 3 deniers.

Il fut fait défense « aux boulangers et boulangères de faire des pains vulgairement appelés miches, et de ne faire que des pains longs ou des carquelins au moins du poids de deux livres. »

Il leur fut ordonné de détailler les dits pains au public au prix fixé, si la demande leur en était faite.

Il fut interdit aussi de peser le pain « avec le poids qu'on appelle *le crochet* (romaine), mais bien avec des balances, qu'elles seront tenues d'avoir constamment à leurs étaux. »

Toutes les autres propositions énoncées ci-dessus furent adoptées et firent l'objet du nouveau règlement.

Entre temps se célébraient à Tulle les fêtes patriotiques, mais elles ont leur place ailleurs, dans notre volume déjà publié : *Les Fêtes nationales et Cérémonies publiques sous la Révolution et la première République*, qui a paru en 1904.

Des troubles s'étaient fait sentir en messidor, tant à Beaulieu Meyssac, qu'à Ussel et Clermont; la municipalité de Tulle prit un arrêté nommant des commissaires chargés de vérifier les registres des aubergistes et logeurs afin de s'assurer que tous gens « couchant même une seule nuit à l'auberge » étaient inscrits sur ces registres. Cela, dit l'arrêté, parce que les troubles qui viennent d'avoir lieu dans le département « peuvent attirer sur cette commune des habitants des endroits ci-dessus, qu'ayant perdu l'espoir d'y remplir leurs projets liberticides et criminels tenteroient de les réaliser ici. »

La crainte de troubles sérieux à Tulle obligea la municipalité à adresser une invitation à ses concitoyens au sujet de la réorganisation de la garde nationale.

Proclamation de l'Administration municipale de Tulle à ses Administrés

Citoyens,

Fortement résolus de vous mettre à l'abry des fléaux qui résultent de l'inexécution des lois, nous avons usés de tous les moyens persuasifs pour vous donner le ressort, et l'énergie qui doivent caractériser le vray républicain ; nous avons vu les secousses funestes de la révolution, nous avons senti que la seule digue à opposer aux fureurs des partis, aux attentats des factions, c'était la loy et son exécution impassible et entière. Le registre de nos délibérations est plein d'injonctions fraternelles, de sollicitations pressentes, et d'injonctions réitérées à nos concitoyens de diriger avec nous son action répressive et salutaire.

Que n'avons-nous pas fait pour obtenir l'exécution de la loy du 28e prairial pour le renouvellement de la garde nationale sédentaire ? De cette inexécution est résulté celle de la loy qui ordonne de renouveller la colonne mobile. Plusieurs fois nous vous avons convoqués, d'après les formes ordinaires, et plusieurs fois aussy nous vous y avons invité d'une manière individuelle et qui semblait devoir produire son effet. Cependant, citoyens, forcés pour mettre notre responsabilité à couvert, d'instruire l'administration centrale des mesures que nous avions prises et des diligences que nous avions faites pour ramener à exécution ces deux lois, quelle douleur n'a pas été la nôtre de voir l'indifférence, l'insouciance, pour ne pas dire le refus formel que vous avez témoigné pour l'éxécution d'une loy aussi intéressante.

Sans doute, citoyens, vous pouvez nous dire que la plus grande tranquillité a régné sur la commune, mais n'est-il pas possible que dans un seul jour, dans un instant même, le bon ordre soit renversé ? Devons-nous nous dissimuler qu'il y a des menées sourdes dans tous les cantons qui nous avoisinent, et qu'il est de la sagesse de prévenir les maux qui pourroient nous menacer. Cependant, citoyens, nous n'avons dans ce moment ny garde nationale, ny colonne mobile, et si vos magistrats se trouvoient dans le cas malheureux de faire une réquisition de force armée, ils ne sauroient à qui l'adresser, et se verroient obligés de recourir à des forces étrangères.

Considérant qu'elle ne sollicitera pas en vain le zèle de ses concitoyens, et qu'en les invitant de nouveau à se réunir pour organiser la garde nationale, ils s'empresseront de seconder les efforts assidus qu'elle fait pour assurer la marche de la Constitution et le bonheur de ses administrés qu'il en est inséparable.

Arrête : Ouï Tramond-Malpeuch pour le commissaire du Directoire exécutif.

Art. 1er. — Tous les citoyens composant la garde nationale sédentaire sont avertis de se rendre à cinq heures de ce jour dans le lieu qui leur sera indiqué, pour y renouveller leurs officiers respectifs.

Art. 2. — Les compagnies nos 1er et 6 se rendront dans la cour du cy devant collège.

Les compagnies nos 2 et 3 se rendront dans la cy devant église des Récollets.

Les compagnies nos 4 et 5 se rendront dans la cy devant église des Feuillants.

Art. 3. — Un commissaire de l'administration municipale se rendra aux lieux indiqués pour présider à chaque assemblée, conformément à la loy précitée.

Fait à Tulle, en la maison commune, le 7e thermidor 5e année de la Rép. fr. une et ind.

Laborderie, président ; Marc-Galand, assesseur ; Tramond-Malpeuch faisant pour le commissaire.

La municipalité veillait à l'exécution des lois concernant la garde nationale, mais le commissaire du Directoire veillait mieux encore à l'application de celles qui concernaient les prêtres et la religion catholique.

VII

Application des lois pour la célébration du culte. — Les sonneries des cloches. — Le serment de deux curés du canton. — Les fêtes des quartiers. — Charivaris nocturnes. — Le coup d'état du 18 fructidor an V. — Fermeture de l'église des Carmes. — Le greffier en chef de la municipalité émigre. — Les citoyens portés sur la liste des émigrés quittent la commune. — Liste de ces émigrés. — Dislocation de la municipalité. — Installation d'un officier municipal nouveau. — Révocation de l'administration municipale. — Nomination des nouveaux administrateurs. — Causes de refus de deux membres. — La nouvelle municipalité révoque le commissaire de police. — Causes de cette mesure. — Nomination d'un greffier et d'un garde champêtre. — Nominations de nouveaux membres de l'administration du canton rural. — Réquisitoire contre les agents de la commune de St-Priest. — Leur révocation.

Bien qu'on soit porté à croire, en lisant les procès-verbaux de l'administration, que toute la municipalité de Tulle avait des velléités de couvrir de son autorité le parti des prêtres, il est constant que le commissaire du directoire exécutif avait fermement pris à tâche de faire appliquer, dans toute sa rigueur, la loi sur la liberté des cultes. Par une réquisition en date du 4 fructidor an V, il demande l'application de la loi du 7 vendémiaire qui exige que l'enceinte choisie pour l'exercice d'un culte soit déclarée à l'administration municipale, et que cette déclaration soit transcrite sur le registre ordinaire de la municipalité, avant que les ministres et les individus puissent user de la dite enceinte. Il demande en outre que, selon les articles 5 et 6 de la même loi, tout ministre d'un culte, avant d'en remplir les fonctions, soit obligé de déclarer « qu'il reconnaît que l'universalité des citoyens français est le souverain, et qu'il promet soumission et obéissance aux lois de la République». Il demande encore, toujours en s'appuyant sur la loi, que deux copies de cette déclaration « en gros caractères très lisibles, certifiées par la signature du greffier de la municipalité, et par celle du déclarant, soient constamment affichées dans l'intérieur de l'édifice destiné aux cérémonies et dans les parties les plus apparentes et les plus à portée d'en faciliter la lecture ».

Enfin il réclame encore que les lois du 3 ventôse an III et 22 germinal an IV, qui défendent toute convocation au son des cloches, soient rigoureusement observées.

L'église des Pénitents blancs de Tulle était, paraît-il, en contravention au sujet de l'affichage, et dans celle de Laguenne Lignié, un prêtre, ex-déporté, disait journellement la messe à la suite d'une convocation aux sons des cloches.

Pour se soustraire aux rigueurs de la loi, le 30 fructidor an V, le curé de Ladignac se présenta devant la municipalité cantonale et prêta le serment obligatoire. En voici le procès-verbal :

Séance du 30 fructidor 3e année républicaine.

.... Et de suite s'est présenté le citoyen Delfaut, ministre du culte catholique, residant dans la commune de Ladignac, et qui conformement à l'article vingt-cinq de la loi du dix-neuf fructidor, a dit : « Je jure haine à la

Royauté et à l'Anarchie, attachement et fidélité à la Constitution de l'an 3e et à la Republique.

« DELFAUT, prêtre ».

Ce serment est écrit de la main du prêtre sur le registre cantonal, il est contresigné par *Bassaler*, agent municipal et *Teyssier*, président.

Peu de temps après, M. Blaise-Joseph de Fénis de Laprade, alors curé de la paroisse de Naves, renouvella lui aussi son serment de fidélité à la République, serment qu'il devait parjurer plus tard en émigrant. Le texte entier du procès-verbal pris sur le registre des délibérations de la municipalité du canton rural de Tulle a été publié dans notre *Monographie de la commune de Naves.*

Malgré toutes ces rigueurs, une partie de la population tulloise était restée attachée aux pratiques religieuses ; l'autre partie, sans être essentiellement assidue aux cérémonies du culte catholique, conservait avec un soin jaloux les anciennes traditions qui, à défaut de la foi véritable, paraissent encore être des marques de ferveur.

De temps immémorial, à Tulle, il était d'usage de célébrer les fêtes des saints des différents quartiers, et, à cette occasion, on faisait des feux de joie, on plantait des *maïs ;* on farandollait même autour, ce qui rappelait bien plus les fêtes païennes que les cérémonies catholiques. Le commissaire du directoire considéra l'une de ces réunions, et la plantation d'un de ces arbres, comme une manifestation extérieure du culte catholique.

« Considérant que quoique un arbre ne soit un signe particulier à un culte, celui qui a été élevé extérieurement dans la rue de la Barussie en l'honneur de saint Pierre, doit être regardé comme un signe particulier au culte des catholiques de cette commune qui célébraient la fête de saint Pierre le 29 juin (E. V.) (1), jour de sa plantation. Considérant qu'il est encore planté dans une des rues de cette commune et qu'il ne devrait y avoir d'autre plantation d'arbres que celui de la liberté, requiert l'administration municipale de faire abbatre l'arbre qui a été planté dans la rue de la Barussie et de prendre des mesures pour que de pareils abus ne se renouvellent pas à l'avenir. »

L'administration, tout en ergotant sur les termes des réquisitions du commissaire, n'en fit pas moins droit à ses demandes. Les affiches portant obéisssance et soumission aux lois de la République, disait-elle, ont été plusieurs fois enlevées par des malveillants. Elles seront remplacées, une enquête sera faite en qui concerne les cloches de Laguenne. En ce qui touchait la plantation de l'arbre dans la rue de la Barussie, l'administration « considérant que dans tous les temps, et même depuis la Révolution on a été dans l'usage de planter des arbres dans cette commune en signe de réjouissance, et que ces plantations ont eu lieu sans porter atteinte à la tranquillité publique, déclare n'y avoir lieu à délibérer sur ledit réquisitoire ».

Mais le commissaise du directoire ne se tient pas pour vaincu : il persiste à demander que cet arbre soit abattu, il requiert aussi qu'on empêche la plantation d'un autre arbre qui se faisait à ce moment même dans la rue de la Barrière « en l'honneur de saint Julien dont les catholiques de cette partie

---

(1) On employait alors les abréviations E V. pour ère vulgaire ou V. S. pour vieux style.

de la commune célèbrent aujourd'hui la fête, (11 fructidor) comme patron de la ci-devant paroisse de ce nom ». Et le commissaire constate en plus que cet arbre vient d'être porté rue de la Barrière au son du tambour.

L'administration ergotant toujours sur ce que la plantation d'un arbre ne peut « être considéré comme signe d'un culte », déclare encore une fois n'y avoir pas lieu à délibérer sur le réquisitoire du commissaire, mais se voyant battue, elle essaye une retraite honorable et ajoute :

Considérant néanmoins qu'une trop fréquente plantation d'arbres deviendroit abusive puisqu'elle donne lieu à une coupe de bois qui pourroient être un jour d'une utilité précieuse, que les arbres ne font qu'encombrer les places et les rues et qu'on ne doit voir sur la commune d'autres arbres que ceux qui sont plantés en l'honneur de la liberté.

L'administration municipale arrête que tous les arbres qui ont été plantés pour des réjouissances particulières autres que celles de la liberté seront abbatus sur le champ et fait défense aux citoyens de la commune de ne plus en planter à l'avenir.

Comme le prouvent les documents ci-dessus l'harmonie ne régnait pas plus qu'avant entre l'autorité directoriale et la municipalité, il en était de même entre les citoyens des divers partis, la ville était constamment troublée par des rixes, des tumultes de jour et de nuit. La nuit du 21 au 22 fructidor fut surtout agitée ; des groupes parcouraient les rues en chantant et injuriant certaines personnalités ; de véritables « charivaris » furent faits au devant des maisons de quelques citoyens. Le lendemain, craignant une recrudescence tumultueuse, l'administration prit un arrêté rappelant les précédents qui ordonnaient l'arrestation immédiate de tous les individus qui feraient partie d'un attroupement ou chanteraient de façon à troubler l'ordre public. Un second arrêté convoqua aussitôt les officiers de la garde nationale, à qui il fut enjoint de fournir nuit et jour vingt hommes pour monter la garde.

Le coup d'état du 18 fructidor avait sa répercution de Paris à Tulle. La loi du 3 brumaire fut remise en vigueur, les parents d'émigrés furent privés des fonctions électorales. Les émigrés rentrés sous prétexte de demander leur radiation devaient quitter la commune dans les vingt-quatre heures et le territoire de la République sous quinze jours. La loi qui avait rappelé les prêtres déportés en les dispensant du serment, leur demandant une simple déclaration, fut rapportée.

Beaucoup de ceux qui avaient été épargnés jusqu'à ce moment furent atteints.

Quelques prêtres qui avaient été mis en liberté se réunissaient souvent dans l'église des anciens carmes, dont ils s'étaient emparés, mais le 26 fructidor, sur l'ordre qui en avait été donné par le ministre de la police générale, le commissaire du directoire exécutif auprès de la municipalité de Tulle fit procéder à la fermeture de cette église.

L'ordre énonce que « tous les objets qui se trouveront dans ladite église seront laissés aux mains et à la garde des personnes chargées d'en prendre soin, et, l'église fermée, les clefs resteront, jusqu'à nouvel ordre, déposées à la municipalité de Tulle qui en demeurera responsable ». Cette opération fut faite par M. Marc Galand, officier municipal, Béral commissaire du directoire, en présence du commissaire du police et du greffier de la municipalité. Elle ne donna lieu à aucun incident.

Quelques fonctionnaires parents d'émigrés durent quitter leur poste ; d'autres furent contraints de s'expatrier comme l'indique la déclaration suivante qui fut écrite sur le registre des séances de la municipalité par le citoyen Laval, fils aîné.

Le soussigné greffier en chef de l'administration municipale de la commune de Tulle, chef-lieu du département de la Corrèze déclare avoir toujours chéri ma patrie et malgré toutes les persécutions que j'ai éprouvées, je n'ai pas eu un seul instant l'idée de l'abannonner. Cependant victime de ma confiance et de la haîne de mes ennemis, je suis en ce moment inscrit sur la liste des émigrés, pour avoir voulu échapper à ceux qui avaient juré ma mort, et c'est parce que j'ai resté huit mois enseveli pour m'y soustraire, que je me vois forcé à renoncer à mes parents, à mes amis, à mes concitoyens, à la République, malgré que je sois provisoirement rayé par arrêté du district du 29 frimaire an 3e.

La loi, je le sais, ne s'occupe point de considérations particulières, elle opère en grand ; malheur à ceux qu'elle frappe ; j'obéis à sa voix sans murmure.

Je déclare, en conséquence, que c'est uniquement pour me soustraire à la loi du dix-neuf fructidor dernier que je sors du territoire de la Republique, que mon vœu le plus cher et le plus ardent est de rentrer promptement dans son sein ; que j'emploierai tous les moyens possibles pour y parvenir, je conjure l'administration municipale et tous mes concitoyens qui connoissent mon innocence de ne pas me refuser leurs soins en secondant, en tant que de besoin, les démarches de mes parents pour obtenir ma radiation définitive et d'être assuré de mon éternelle reconnaissance.

Tulle, en la maison commune le 3e jour complementaire de l'an cinq de la Rep. franç., une et indivisible.

LAVAL fils aîné.

Quelques jours après le Ministre de la police générale de la République donnait l'ordre au commissaire du pouvoir exécutif de faire mettre, à Tulle, sous la surveillance de la municipalité Joseph Albier ; Marie-Jeanne Servientis ; Jean Bussières ; Jean Bardon ; Louis St-Priech, du Chambon ; François Villeneuve ; Laprade Fénis ; Antoine Chadabech, cadet ; Antoine Lacoste ; Jean-Baptiste Barry ; Pierre Ladoire, cadet ; Jean-Joseph Mesnager ; Antoine Melon et Pierre Laval, ayné, qui étaient inscrits sur des listes d'émigrés et non rayés définitivement. Cette notification fut faite à la municipalité le 14 vendémiaire. Le 16 du même mois, le commissaire annonce qu'il est de notoriété publique que ces quatorze personnes ont quitté la ville, depuis quelques jours, mais que cependant il vient d'apercevoir l'un d'eux, et qu'il se pourrait que les autres réaparaissent bientôt, il requiert donc la municipalité de prendre les mesures ordonnées par le ministre. En conséquence il est arrêté :

1° Que les quatorze individus désignés dans la lettre du Ministre de la police générale seront consignés dans l'arrondissement de la commune ;

2° Ils sont tenus de se présenter en la maison commune le nonidi de chaque décade ;

3° L'administration leur fera parvenir dans le jour, à leur domicile, l'ordre de se rendre auprès d'elle pour y prendre connaissance de la lettre du ministre et de l'arrêté qu'elle a pris en ce jour ;

4° La conduite que tiendront les individus désignés et l'intérêt public détermineront l'administration à prendre à leur égard d'autres arrêtés selon l'exigence des cas.

L'administration municipale, sentant sa fin prochaine, se désorganisait lentement. Dès son origine, un de ses membres, le citoyen Dumirat, absent de Tulle, lors de son élection au poste d'officier municipal, ne remplissait pas ses fonctions. Ce ne fut qu'en thermidor qu'il revint et réclama son installation à ce poste. Le citoyen Froment nommé juge suppléant au tribunal civil donna sa démission d'officier municipal, il fut remplacé provisoirement, le 11 vendémiaire an 6, par le citoyen Jean-Baptiste Blancher. Par un arrêté de l'administration centrale du 22 vendémiaire de cette même année, le citoyen Tramond-Malpeuch fut suspendu de ses fonctions d'officier municipal ; il fut provisoirement remplacé par le citoyen Etienne Tabanon, officier de santé, qui fut installé le 23 vendémiaire. Voici le procès-verbal de cette installation, il nous fera connaître les formalités remplies, et le serment prêté par les fonctionnaires de cette époque.

Séance du 23e vendémiaire an 6e

En cette séance est comparu le citoyen Etienne Tabanon, officier de santé, qui a déclarer accepter la place d'officier municipal provisoire à laquelle l'administration venoit de le porter par son arrêté du jour d'hier ; il a de plus déclaré n'avoir provoqué ni signé aucunes mesures séditieuses et contraires aux loix, n'être parent ni allié d'aucuns individus portés sur la liste des émigrés au degré prohibé par la loi et après avoir prêté le serment de haine à la royauté et à l'anarchie, de fidélité et attachement à la Republique et à la Constitution de l'an trois et a signé avec nous

LABORDERIE, président ; TABANON,
MARC-GALAND, of. m. ; BLANCHER, of. m. ;
BÉRAL, commissaire.

Mais pendant qu'à Tulle on installait un nouveau membre de la municipalité, à Paris, le ministre de l'intérieur destituait cette municipalité entière. L'arrêté du Directoire exécutif va nous dire pourquoi :

MINISTRE DE L'INTÉRIEUR

LIBERTÉ ÉGALITÉ

AMPLIATION

Extrait du Registre du Directoire exécutif

Du 19e jour du mois vendemiaire l'an 6e de la republique française une et indivisible.

Le Directoire exécutif considérant que l'administration municipale de Tulle, département de la Corrèze, loin de réprimer les excès criminels des réacteurs royalistes dans cette commune, les a excités au contraire par son inertie.

Considérant qu'elle a manifesté l'intérêt qu'elle porte aux émigrés en permettant qu'il fut donné dans la maison de justice, les jours appelés vulgairement *Dimanches*, un bal en l'honneur de l'émigré Depouth qui y est détenu, arrête ce qui suit en vertu de l'article 196 de la Constitution.

ART. Ier. — Les membres de l'administration municipale de Tulle sont destitués.

ART. 2. — Le Directoire exécutif nomme pour les remplacer les citoyens :

Villeneuve, fils du président du tribunal criminel ;
Floucaud, vieux, avoué ;
Pauphille, aîné, aubergiste ;
Lagier, cadet, aubergiste ;
Vergne, aîné.

ART. 3. — Le Ministre de l'intérieur est chargé de l'exécution du présent arrêté qui ne sera pas imprimé.

Pour expédition conforme, le Président du Directoire, signé : REVEILLERE-LEPEAUX.

Par le Directoire exécutif, le secrétaire général, signé : LAGARDE.

Signé : LETOURNEUR.

Le 28 vendémiaire an VI, Béral, commissaire du Directoire exécutif à Tulle, installait comme officiers municipaux les citoyens Martial Pauphille, Jean-Baptiste Vergne aîné, et François Villeneuve, fils. Ce même jour, Lagier, cadet, informait le commissaire du Directoire que son métier l'obligeant à ne pas quitter sa demeure, il ne pouvait accepter le poste auquel il venait d'être nommé.

Le lendemain, 29 vendémiaire, le citoyen Floucaud, vieux, écrivait la lettre suivante qui montre bien l'état d'esprit du moment, en ce qui concerne l'administration qui venait de disparaître, et les personnalités tulloises qui étaient appelées à lui succéder :

Tulle, le 29 vendémiaire, an 6 de la République,

Au commissaire près l'administration municipale de Tulle.

A mon arrivée l'on m'a remis une lettre de votre part, par laquelle vous m'annoncez que le directoire exécutif m'a nommé membre de notre administratiou municipale. Je ne peux pas correspondre à la confiance qu'ont voulu me donner ceux qui ont bien cru faire en se rappelant de moi auprès du directoire. Par l'effet de la loi du 3 brumaire dans laquelle je me trouve compris comme oncle d'un prêtre déporté et par conséquent porté sur la liste des émigrés, je suis fâché que cette circonstance me prive de l'agréable satisfaction que j'aurais eu, de concert avec vous et les autres membres nommés par le Directoire à concourir au bien public.

Vive la Republique !

Salut et Fraternité.

FLOUCAUD, vieux.

Séance tenante, la nouvelle municipalité se compléta en nommant deux administrateurs municipaux provisoires. Furent élus : Etienne Tabanon, officier de santé, qui avait été déjà choisi temporairement par l'ancienne municipalité, et qui avait été *destitué avant d'être nommé*. Fut élu ensuite Pierre Pastrie, marchand. Ces deux citoyens prètèrent le serment obligatoire ce même jour 29 vendémiaire, dans une séance du soir, car ce jour-là il n'y eu pas moins de quatre séances municipales.

Voilà donc la municipalité au complet ; un président, le citoyen Villeneuve, et quatre administrateurs. Aussitôt installée la municipalité révoqua le citoyen Vidal, commissaire de police, en se basant :

1° Sur ce que le citoyen Vidal « avait donné des preuves d'incivisme en enlevant de sur les murs d'un citoyen de la commune un placard qui tendait à prévenir les maux dont étaient menacés les républicains avant l'honorable journée du dix huit fructidor ;

2° Sur la preuve qu'il avait ainsi donnée de son ignorance des lois en commettant cet acte arbitraire ;

3° Enfin parce qu'il n'avait jamais fait aucun procès verbal pour constater et faire punir les délits dont se rendaient chaque jour coupables les réacteurs royalistes de la commune, et qu'il avait paru au contraire les protéger.

Le citoyen Aignoux, père, fut nommé commissaire de police de la commune de Tulle.

L'ancien greffier étant compris, comme nous l'avons précédement vu dans la liste des émigrés, le citoyen Jean-Joseph Saugon fut nommé greffier en chef et vu « le zèle, l'assiduité et la bonne conduite du citoyen Teyssier, il fut décidé qu'il continuerait à exercer les fonctions de secrétaire-commis.

Pour terminer la série des réformes communales, le citoyen François Bleygeat fut nommé garde champêtre de la commune.

Mais là ne se bornèrent pas les changements. Le 26 brumaire, an 6, le Directoire exécutif nomma le citoyen Teyssier au poste de commissaire auprès de l'administration municipale du canton rural de Tulle dont il était le président élu par l'assemblée primaire du canton. Le citoyen Leyrat, de Gimel, fut élu président provisoire par le bureau jusqu'aux élections ultérieures. Il fut réélu définitivement en floréal, an VI.

Bientôt après, le 4 frimaire, les citoyens Soubranne et Verdier, agent et adjoint municipaux de la commune de St-Priech, canton rural de Tulle, sont suspendus de leurs fonctions et remplacés par les citoyens Devès, officier de santé, et Léonard Feyx, propriétaire.

Il est à constater que depuis longtemps la commune de St-Priech de Gimel semblait absolument réfractaire à tout progrès. Etait-ce parce qu'elle était représentée par des citoyens ignorants ou parce qu'elle continuait à subir le joug des anciens seigneurs ? On reconnaîtra l'influence de ces deux éléments dans le réquisitoire du commissaire du directoire près l'administration du canton dont voici un extrait :

CITOYENS,

Vous n'avez pas perdu de vue un arrêté de l'administration centrale en date du vingt-six thermidor an quatre qui vous ordonne de tenir registre des membres présents à chaque séance, et de l'informer de ceux qui s'absenteroient deux fois de suite ; vous sçavez tous combien de difficultés vous avez éprouvé jusqu'aujourd'hui pour faire parvenir à la commune de St-Priech les loix, arrêtés, proclamations, circulaires, adresses et autres papiers nécessaires ; vous n'ignorez pas combien les habitants de cette commune sont peu instruits de leurs devoirs, et ce par la coupable ignorance de leur agent et adjoint municipaux, vous demeurez instruits que ces deux fonctionnaires publics (s'ils en méritent le nom) n'ont jamais rien fait de ce qui leur a été prescrit pour l'exécution soit des loix qui ont été envoyées à l'administration municipale, soit des arrêtés qui ont été pris à cet égard. Si vous avez eu besoin de renseignements il vous a fallu vous les procurer des citoyens étrangers à la commune de St-Priech. En vain avez-vous réclamé auprès de ces deux fonctionnaires les papiers les plus essentiels qui sont ou doivent être au greffe de leur commune, tels que les matrices cadastrales, feuilles de section, registres de naissance, etc..... Jamais vous n'avez pu vous assurer si les arrêtés, lois, circulaires ou adresses avaient été lus ou publiés dans cette commune..... *Il semblerait que la commune de Saint-Priech ne fait point partie de notre canton et pour mieux dire de la République française.*

Les habitants de cette commune n'ont jamais eu la moindre connaissance des époques les plus mémorables de la Révolution.... Aujourd'hui, comme à la dernière séance, vous n'avez sceu quel moyen prendre pour faire connoître aux citoyens de St-Priech l'heureuse journée du 18e fructidor ainsi que les pièces constatant la conspiration royale qui l'ont nécessité, de même que les proclamations, adresses et arrêtés qui en ont été la suite....

Peu après ce réquisitoire, le 4 frimaire, an VI, satisfaction était donnée au commissaire cantonal et les citoyens Soubranne et Verdier étaient révoqués.

VIII

Les conscrits réunis à Tulle. — La lecture publique des *Papiers-Nouvelles*. — Construction d'un Autel de la Patrie. — Béral secrétaire en chef de l'administration centrale. — Villeneuve commissaire du Directoire. — L'école centrale du département, à Tulle. — Election des officiers de la colonne mobile. — Le payeur-général du département réclame une garde pour sa caisse. — Attentat contre la sentinelle. — La dernière proclamation du président de la municipalité. — Nouveaux administrateurs de la commune. — Réquisition d'armes pour la colonne mobile. — Démission du greffier de la commune.

Le traité de paix de *Campo-Formio* venait d'être signé, le général Bonaparte avait été nommé plénipotentiaire à Rastadt avec Bonnier et notre compatriote briviste Treilhard; tout portait à croire qu'une ère de paix complète allait s'ouvrir. La Convention prudente n'en continuait pas moins à appeler les jeunes soldats sous les armes. Les conscrits de l'an V venaient d'être mis en marche. Le 4 frimaire, an VI, en arrivait un fort détachement à Tulle, provenant de tous les cantons du département. Chaque détachement était sous la conduite d'un citoyen, qui avait été choisi parmi les hommes en état de marcher, « intelligents, fermes et d'une moralité éprouvée ». Logement et vivres, pour ce surcroît de population, ne furent pas faciles à se procurer, on y parvint cependant grâce à l'esprit de patriotisme qui régnait parmi les habitants de notre bonne ville de Tulle.

La nouvelle municipalité se montra pleine de zèle à cette occasion, et, afin de se rendre populaire, elle décida que tous les *décadis*, et chaque jour de courrier, il serait fait une lecture publique des *Papiers-Nouvelles* « afin d'en donner connaissance au peuple ». L'annonce de ces réunions se faisait par un rappel général battu par deux tambours.

Il fut en outre arrêté qu'un *Autel de la patrie* serait construit sur une place publique de la commune. Le citoyen Rémillac, ingénieur en chef du département, fut chargé d'établir le projet de cette construction.

Le citoyen Béral, commissaire du Directoire exécutif, près la municipalité de Tulle, avait enfin triomphé: La municipalité avait été renversée, les nouveaux membres étaient de ses amis politiques ; sa récompense fut d'être nommé secrétaire en chef de l'administration centrale. Il fut remplacé dans ses fonctions de commissaire peu de jours après (le 25 brumaire), par le président de l'administration municipale, le citoyen Villeneuve fils.

Dès le début de cette période administrative, la municipalité se trouvait en face d'une question des plus épineuses : la suppression de l'école centrale du département de la Corrèze, qui devait être établie à Tulle. Une adresse fut envoyée par la municipalité de Tulle aux membres du Conseil des Anciens et aussi du Conseil des Cinq-Cents. Cette pièce a un trop grand intérêt, au point de vue de l'histoire de l'instruction publique en Corrèze, pour que nous ne la citions pas toute entière, d'autant plus que nous la croyons absolument inédite.

LIBERTÉ — EGALITÉ

Tulle, ce 17e brumaire, 6e année de la Rep. fr. une et indivisible.

L'Administration municipale de la commune de Tulle, chef-lieu du département de la Corrèze,

Aux Citoyens membres du Conseil des Anciens, et de celuy des Cinq-Cents.

Citoyens Représentants,

Depuis l'époque de la Révolution, un plan d'instruction publique, basé sur des nouveaux principes, était promis et attendu de tous les Français. L'Assemblée Constituante devoit s'en occuper vers la fin de la session, mais fatiguée sans doute des destructions considérables, mais à la vérité utiles, qu'elle avoit faites, son génie créateur s'étoit émoussé ; elle laissa l'organisation de cette branche si importante de l'administration générale aux soins de la Législative. Celle-cy alloit s'en occuper, plusieurs projets étoient même présentés, lorsque les événements du dix août suspendirent ses travaux et portèrent tous ses regards sur la régénération de l'empire français. Une Convention nationale fut convoquée, les mandataires du peuple avoient contracté l'obligation de faire disparoitre les tyrans du sol de la France, et le vaste royaume devoit être changé en une République florissante.

C'était donc à cette auguste assemblée qu'était confié le soin de l'organisation de l'instruction publique, et les bases sur lesquelles elle devoit être établie étoient bien différentes des anciennes puisque, par ce moyen, il ne s'agissoit de rien moins que de rendre adoptive de la liberté une génération qui sembloit être née pour ramper sous le plus dur esclavage. La Convention remplit les obligations que lui dictoit l'intérêt général, un peu tard à la vérité, mais à la fin de sa session elle rendit la loy salutaire du trois brumaire.

Deux ans se sont écoulés depuis cette époque, pendant cette intervalle, beaucoup d'administrations ont organisé leur Ecole centrale ; d'autres, moins heureuses, ont été obligées de l'employer à obtenir du gouvernement les fonds nécessaires pour disposer les bâtiments d'une manière propre à recevoir les nouveaux établissements, ou à faire lever par le Directoire les difficultés qui s'étoient rencontrées dans les nominations des professeurs. Le département de la Corrèze se trouve compris dans le dernier cas, et c'est au moment où il allait jouir du résultat des travaux de ses administrateurs, et voir ses écoles organisées, qu'un nouveau rapport vient luy enlever tout le fruit de ses espérances.

On a proposé au corps législatif, comme un moyen d'économie, la réduction des Ecoles centrales à quarante-deux. Mais comme l'utilité de ce projet sera examinée et réfléchie, permettez, citoyens représentants, que l'administration municipale de la commune de Tulle vous fasse part de ses observations. Vous en tiendrez le compte que vous voudrez, mais elle aura rempli son devoir, en éclairant votre religion, que l'on cherche à surprendre sous prétexte de diminuer les dépenses publiques.

D'abord, quant aux frais d'établissements, les dépenses en sont déjà faites, tous les ouvrages mêmes terminés, le plan d'économie ne les atteindra donc pas, et ils tourneront en pure perte, à moins que l'on accorde aux départements qui, d'après le nouveau projet, n'auroient point d'école centrale, des écoles secondaires ; et, dans cette hypothèse, il ne sera pas difficile de prouver que les dépenses ne seront pas diminuées. D'après la nouvelle organisation il faudra nécessairement un intermédiaire, ou le plan d'éducation serait manqué, entre les écoles primaires et les écoles centrales. Cet intermédiaire devra alors être composé d'écoles secondaires, réparties dans chaque département, ce qui deviendra bien plus coûteux que ne l'étoit le plan adopté par la loy du 3 brumaire.

Nous ne ferons pas mettre en considération l'intérêt des particuliers qui auront des enfants capables de suivre les cours professés dans l'école centrale ; cet intérêt devroit cependant trouver place parmy les motifs qui concourront à faire adopter ou rejetter le projet qui est soumis à votre sanction. Car vous devrez non seulement considérer l'énormité des frais des longs voyages que seront obligés de faire les parents lorsqu'ils voudront soit visiter leurs enfants pendant le cours de l'année académique, soit les assister et les soigner si, pendant cette époque, ils étaient malades. (Double objet de la sollicitude qu'ont toujours pour le fruit de leur union les pères et les mères, et qu'ils pourroient remplir en se rendant au chef-lieu du département pour y poursuivre les jugements et décisions de leurs affaires particulières), mais encore que quand le grand concours des élèves qui se rendront de quatre à cinq départements dans une ville de moyen ordre y feront hausser les denrées à des prix exhorbitants, ce qui rendra les pensions très chères et mettra les citoyens peu aisés dans l'impossibilité de donner à leurs enfants le degré d'éducation dont ils auroient été susceptibles.

Tous ces motifs doivent vous déterminer, citoyens représentants, à ne rien changer aux dispositions de la loy qui place une école centrale dans chaque département, et par ce moyen vous acquierez des droits à la reconnaissance de tous les amis du gouvernement républicain.

Fait et clos les susdits jours, mois et an que de l'autre part.

VILLENEUVE fils, président.

PAUPHILLE, administrateur municipal, commissaire provisoire ; VERGNE, administrateur municipal ; J.-J. SAUGON, secrétaire greffier.

Bien que cette organisation de l'instruction publique fût des plus importantes, la nouvelle municipalité ne pouvait se désintéresser des différentes questions politiques et administratives qu'elle avait pris à tâche de résoudre. C'était en ce mois de brumaire, an VI, que devaient se faire les élections des officiers de la colonne mobile, cette force armée qui devait toujours être prête à répondre au premier appel de l'autorité.

Ces élections eurent lieu,, avec un calme relatif, le 25 brumaire, mais le 29 du même mois, craignant des troubles, et un attentat quelconque contre sa personne ou sa caisse, M. Sage, alors payeur-général du département, informa l'administration municipale qu'il possédait en ce moment en caisse des fonds considérables « et qu'il importoit » de prendre des mesures pour prévenir tout en- » lèvement qui pourroit être tenté. »

L'administration décida aussitôt que la garde serait montée nuit et jour autour de la maison du payeur général.

Le lendemain, 30 brumaire, les citoyens composant la colonne mobile étaient réunis dans la cour du collége à l'effet de reconnaître leurs officiers. L'administration municipale prévenue, s'y rendit, « en corps et en costume », et fit prêter le serment prescrit par la loi. Elle procéda ensuite à la réception des officiers, en commençant par celle du citoyen Pierre Baluze, qui avait été choisi comme capitaine de la colonne.

Un incident pouvant faire justement et impartialement juger cette époque, se produisit dans la nuit du 1er au 2 frimaire de l'an VI. Nous venons de voir que, la veille, le citoyen Baluze était reconnu en qualité de capitaine de la colonne mobile et que, dès l'avant-veille, il avait été décidé que la garde serait montée principalement pour surveiller la caisse du payeur-général. Le 2 frimaire au matin, le capitaine Baluze remit à l'administration son rapport sur la garde de la nuit du 1er au 2 frimaire il portait en substance : « que le citoyen Demay, perruquier, a manqué à son poste, et que vers minuit, la sentinelle placée devant la porte du payeur *a été assassinée* d'un coup de sabre qui l'a atteint sur le bras gauche. »

L'administration infligea 24 heures d'arrêts, dans la salle de discipline, au citoyen Demay.

« Quant à l'objet du procès-verbal du citoyen Baluze, l'administration, indignée d'un attentat aussi horrible, a arrêté d'en donner connoissance à tous les concitoyens et de prendre toutes les mesures nécessaires pour prévenir la récidive. »

Voici la proclamation qui fut faite à ce sujet, le 2 frimaire an VI :

Citoyens,

Un assassinat a été commis cette nuit sur la personne d'un factionnaire placé à la porte du citoyen Sage, payeur général du département. La lâcheté, fidèle compagne du crime, s'est heureusement emparée du cœur du scélérat qui vouloit commettre celui que nous vous dénonçons, elle n'a pas permis que son dessein homicide fût consommé, et le citoyen Laval jeune, qui était alors en faction, n'a été atteint que sur le bras gauche par le coup de sabre qui lui était décoché.

Les républicains, les hommes qui ont contribué aux progrès de la Révolution, qui, dernièrement, au 18 fructidor, ont coopéré à anéantir les projets des royalistes seroient donc toujours exposés à tomber sous les poignards de cette tourbe incorrigible d'ennemis de tout ce qui tient à la République? Non, rassurez-vous, citoyens, vos magistrats veillent, ils sauront faire exécuter les mesures qu'ils emploieront pour y parvenir. Soyez calmes et tranquilles, mettez en eux toute votre confiance, ils vous prouveront qu'ils en sont dignes. Protection et sûreté aux amis du gouvernement, active surveillance contre ses ennemis, voici la règle de notre conduite.

L'administration municipale sur ce, ouï le commissaire provisoire du directoire exécutif, arrête : 1° Que sans avoir recours à chaque instant à la mesure usée des proclamations, elle fera exécuter avec la plus grande sévérité toutes les loix repressives des attentats portés tant aux personnes qu'aux propriétés, ainsi que toutes les autres loix concernant la police. 2° Que tous les citoyens sont prévenus qu'ils n'aient plus à sortir après six heures du soir sans lumière, sans quoi ils seront exposés à être arrêtés par la force armée qui sera chargée de veiller pendant la nuit à la sûreté des personnes et des propriétés. 3° Elle invite aussi à se comporter avec décence dans les rues, surtout de ne point provoquer le trouble et le désordre par des chansons qui attaqueraient individuellement certains citoyens, ou toutes autres qui pourroient porter atteinte à la tranquillité publique. Les ordres les plus sévères seront donnés pour arrêter toutes personnes qui se permettroient de les chanter.

Le présent arrêté sera publié au son du tambour dans les principaux endroits de cette commune.

Fait et clos les susdits jours mois et an que dessus.

Villeneuve fils président ; Pauphille, administrateur municipal, commissaire provisoire; J.-J. Saugon fils' secrétaire greffier.

Ce fut la dernière proclamation signée par le citoyen Villeneuve, en qualité de président de l'administration municipale; six jours après, il occupait le poste de commissaire du Directoire exécutif auprès de cette même administration.

Dans sa séance du 9 frimaire, la municipalité, composée alors seulement de trois membres, Pauphille, Pastrie et Vergne, élut le citoyen Léonard Soubranne en qualité d'administrateur. Enfin, le 22 du même mois, Antoine-Joseph Lanot fils, homme de loi, fut élu administrateur et aussi président de l'administration municipale.

La colonne mobile était organisée et fonctionnait déjà, comme nous venons de le voir, mais la pl us grande partie des citoyens qui en faisaient partie étaient dépourvus des armes nécessaires pour leur service. Aussi, le 25 frimaire, un membre de l'administration municipale proposa-t-il que les armes qui se trouvaient entre les mains des citoyens sexagénaires, des fonctionnaires publics, des jeunes gens qui n'avaient pas l'âge requis pour faire le service, des citoyens inscrits sur la liste des émigrés, de ceux encore qui étaient sous la surveillance de l'autorité municipale fussent mises à la disposition « de ceux pour qui la loi les désigne. » Le Conseil adopta cette proposition et décida qu'il serait sur le champ écrit aux personnes intéressées « pour les inviter à vouloir bien déposer leurs armes pour être remises, par l'administration, entre les mains des membres de la colonne mobile qui n'en ont pas. »

Les informations et perquisitions, relatives aux prêtres réfractaires et aux soi-disants émigrés qui étaient encore dans le pays, se continuaient mollement, tant de la pa t des administrateurs communaux que de la grande partie de la population rurale, qui ne se prêtait guère à ce genre de chasse à l'homme. Aussi, le 8 brumaire an VI, les agents municipaux du canton rural de Tulle déclarent qu'il n'existe aucun prêtre réfractaire sur le territoire de leurs communes respectives. Il en est de même des émigrés ; il ne s'en trouve pas sur les listes de ces communes.

En floréal de la même année, une récompense est promise à tous les fonctionnaires, ou simples citoyens qui contribueraient à l'arrestation d'un prêtre réfractaire.

Il est répondu qu'il n'y en pas plus que précédemment.

Et pourtant ils étaient nombreux ceux qui, réfugiés dans certaines familles de Tulle, Naves, Chanac, etc., jouissaient d'une tranquillité, relative il est vrai, mais encore assez douce, et qui parvinrent ainsi à laisser passer au-dessus de leur tête l'orage révolutionnaire qui, en d'autres provinces, avait décapité tant d'innocents fanatiques.

Mais tout en poursuivant les prêtres et les émigrés, nos politiciens tullois n'oubliaient pas leurs intérêts personnels. On a vu les présidents et les commissaires se hausser d'un échelon, c'était le tour du greffier, et le citoyen J.-J. Saugon résigna ses fonctions pour accepter celles, mieux rétribuées, de secrétaire du commissaire de l'administration centrale. Il profita de cette occasion pour assurer la municipalité de tout son dévouement à la chose publique : « Je ne rougirai pas, écrit-il, de vous faire l'aveu de l'étendue de mes besoins et de ceux de toutte ma famille, vous connaissés vous même ma pénible position, ce qui me donne la certitude que vous n'atribuerés la démission que je vous prie d'accepter de la place de secrétaire qu'a une envie démesurée d'être plus utile à ma patrie en luy consacrant le plus de temps que je pouray en profitant des moyens qui me sont offerts pour subvenir à mes besoins. » Aussitôt l'administration, acceptant cette démission, nomma le citoyen « Teyssier, marchand de fer sur la place de la Fraternité », pour remplir le poste laissé vacant par Saugon.

IX

Lacune dans l'histoire municipale de Tulle. — Coup d'œil général sur la situation après le 18 fructidor an V. — Les fêtes de la paix. Mesures rigoureuses contre les nobles et royalistes. — Prime accordée pour l'arrestation des prêtres réfractaires. — La perception des impôts directs en Corrèze. — Les fêtes décadaires et autres dans nos campagnes. — Plantation d'*Arbres de la liberté*. Appel des conscrits. — Leur rassemblement à Tulle. — Endurance de nos soldats corréziens. — Encore un départ de conscrits. — Fêtes et cérémonies publiques en l'an VII. — Les contributions directes. — Désordres dans le département. — Leur répercussion aux environs de Tulle. — Les visites domiciliaires. — Cérémonie funèbre à la mémoire du général Joubert. — Les conscrits réfractaires. — Les garnisaires. — Punition des déserteurs. — Le 18 brumaire an VIII. — Le dernier serment de fidélité à la République.

Nous voici arrivé à la fin de l'année 1797, et au cours de nos recherches pour la continuation de cet historique, nous constatons, avec grand regret, une déplorable lacune dans les procès-verbaux des séances des conseils généraux et municipaux de la ville de Tulle. Les registres contenant les délibérations de ces assemblées ont disparu depuis de longues années, il ne reste pas de traces des séances comprises entre le 27 décembre 1797 et le 17 octobre 1805. Huit années qui manqueront à l'histoire municipale de Tulle !...

La majeure partie des documents donnés dans le cours de notre travail ont été puisés dans les registres des délibérations de ces assemblées, c'est donc pour nous une source tarie. Nous terminerons cet historique plus sommairement que nous l'aurions voulu, ne possédant plus pour nous guider que quelques pièces éparses dans les archives publiques ou dans notre collection particulière, ce ne sera malheureusement qu'une petite série de faits isolés.

Quelques lignes sur la situation générale du moment nous semblent indispensables ; elles jetteront un peu de jour sur le cher petit coin limousin dont nous nous occupons.

Il y avait à peine trois mois que le coup d'Etat du 18 fructidor avait eu lieu. Les députés de 40 départements avaient été exclus du corps législatif. Les fonctionnaires, juges, administrateurs de ces 40 départements avaient aussi été révoqués de leurs fonctions (1) Quarante-deux membres du Conseil des Cinq-Cents, dix membres du Conseil des Anciens et les deux directeurs Carnot et Barthélemy avaient été condamnés à la déportation. Les auteurs de ce coup d'état : Barras, Rewbell et Larévellière n'avaient pas osé demander la peine de mort contre leurs ennemis politiques, car ils savaient que le temps de l'effusion du sang était passé, mais ils avaient demandé et obtenu les pouvoirs les plus étendus. Par leurs ordres quinze députés, ou autres citoyens, furent expédiés à Rochefort dans des chariots grillés, et de là transportés sur une frégate à la Guyane. C'était, pour la plupart, l'équivalent de la mort.

Le jurisconsulte Merlin et le poète François (de Neufchâteau) avaient remplacé les deux directeurs exilés. La France craignait un retour vers

---

(1) La Corrèze n'y était pas comprise.

l'époque sanguinaire ; ces mesures vengeresses l'avaient frappée. Elle le fut encore d'une autre façon quelques jours plus tard, lorsque fut votée la loi du remboursement des deux tiers de la dette nationale. On criait à la banqueroute !... Mais une nouvelle se répandit bientôt dans la France entière : La conférence de Léoben avait abouti à un traité de paix entre la République française et l'empereur d'Autriche. Ce fut une joie générale dans tous les partis.

Bonaparte venait de quitter la République Cisalpine qu'il avait fondée, il était arrivé incognito à Paris et s'était pour ainsi dire caché dans une modeste maison de la rue Chantereine. « Cet homme dont l'orgueil était immense, avait toute l'adresse d'une femme à le cacher » (1). Il apportait au Directoire le traité de paix qu'il venait de conclure avec l'empereur à Campo-Formio. Quelle fête brillante eut lieu dans la grande cour du Luxembourg pour la réception triomphale que le Directoire fit au médiateur ! Et lorsque les directeurs donnèrent avec effusion l'accolade à Bonaparte, qui sait si cet homme extraordinaire n'éprouva pas, pour la première fois, le sentiment de sa grande destinée ? Qui sait s'il ne comprit pas, dès ce jour, que la France venait de se jeter dans ses bras. Car Paris ne fut pas seul à fêter le héros devenu médiateur, la France entière fit éclater sa joie par des fêtes semblables, et Tulle n'y manqua pas : Avant même d'avoir reçu la nouvelle officielle de l'arrivée du général à Paris, l'administration municipale de notre ville avait décidé qu'une fête civique aurait lieu sur les places de la Révolution

---

(1) THIERS : *Histoire de la Révolution*, t. IV, p. 107.

et de la Fraternité. La ville était illuminée le soir du 14 frimaire an VI. Il est vrai que Tulle fêtait la conclusion du traité de paix, et non Bonaparte lui-même, comme l'indique le procès-verbal ci-après :

L'administration municipale de la commune de Tulle, instruite par la voie de tous les papiers publics que le général Bonaparte vient d'arriver à Paris et qu'il doit présenter au Directoire exécutif, dans la prochaine séance publique, le traité de paix conclu à Léoben entre la république française et l'empereur est ratifié par le dernier.

Bien convaincu que le gouvernement s'empressera de donner connaissance officielle de cette heureuse nouvelle a toutes les autorités constituées de la République, mais qu'elle ne peut scavoir le moment où elle lui parviendra, désirant donner à la publication du pacte qui va mettre fin à la guerre du continent et arrêter les flots de sang qu'elle a fait couler depuis six ans sur les rives du Rhin, du Pô et de l'Addige toute la solennité que les localités pourront permettre ;

Considérant que si elle attendait pour régler et faire les préparatifs de cette fête le moment où elle recévrait le traité, le temps ne lui permettrait pas de faire exécuter le plan que lui ont dicté son amour pour la liberté et son désir pour l'établissement de la paix, qu'elle doit par conséquent prendre d'avance toutes les mesures pour donner le plus d'éclat possible à sa célébration ;

Considérant qu'il n'importe pas moins que tous les citoyens soient promptement avertis d'une nouvelle qui doit mettre fin à leurs souffrances et détruire pour jamais l'espoir que conservent encore les royalistes de nous recourber sous le dur esclavage dont nous venons de secouer le joug et qu'il faut apprendre à ces intraitable ennemis du gouvernement républicain que le moment est venu ou leurs efforts seront désormais impuissants,

Arrête : ....

Ici se trouve un long arrêté indiquant le programme de la fête. La municipalité « en corps et en costume » devait se réunir dans la cour du collége avec toutes les autres autorités de la ville.

Des considérants qui précèdent se dégage bien clairement que la municipalité tulloise, (comme la population de la ville, nous pourrions dire de toute la France) était heureuse de voir enfin cette terrible et longue guerre terminée, c'était bien le traité de paix que nos populations voulaient fêter. Si Paris criait : *Vive le général Bonaparte !* notre ville de Tulle, avec la France entière, criait : *Vive la Paix !*

Au point de vue historique, il nous semble utile d'ouvrir ici une parenthèse pour dire ce qu'étaient autrefois les costumes des maires, lieutenants de maires et officiers municipaux de l'époque, dont nous avons plusieurs fois parlé dans le cours de ce travail ou dans un précédent (1).

En 1776, dit un acte conservé aux archives de la mairie de Tulle, il fut « délibéré qu'on ferait faire des robes neuves en damas my partie bleu de roy et my partie couleur de feu, mais faute de fonds les choses avaient demeuré en cest estat, et les officiers municipaux se seroient servis jusques à ce jour de robes de palais noires avec les anciens chaperons couleur écarlate, et comme les dits chaperons sont devenus par leur vétusté hors d'état de plus servir, il a été unanimement délibéré qu'on faira faire six chaperons de satin couleur de feu, celuy du maire et lieutenant de maire parsemés de fleurs de lyx en or, et ceux des échevins garnis seulement d'une crépine en or, en attendant, le

(1) *Les Thermidoriens Tullois.* — Librairie de l'Art français, 52, rue Laffitte, Paris 1907.

maire et lieutenant de maire, qui sont gentilhommes et privilégiés, assisteront en habits noirs et épée à toutes les cérémonies avec leur chaperon, et les autres officiers municipaux avec des robes noires ».

Ces costumes furent portés à Tulle jusqu'en brumaire an IV (octobre 1795) époque où fut promulguée la loi sur les nouveaux costumes officiels (1).

Mais chaque fête a son lendemain, si, tout à la joie de savoir la paix établie, nos gouvernants avaient un instant oublié leurs haines politiques, elles revécurent presque aussitôt avec une force plus vive. De nouveau les lois contre les prêtres et les émigrés furent appliquées avec rigueur. On proposa d'expulser toutes les familles nobles, ou ayant voulu se faire croire nobles avant la Révolution. Les royalistes, ou supposés tels, furent l'objet d'une surveillance des plus actives.

Sur l'injonction de l'administration centrale du département, des mesures sévères furent prises à Tulle et dans toutes les communes environnantes : Il fut expressément défendu aux aubergistes, ainsi qu'à tous autres citoyens, « de conduire ny de loger ou recevoir chez eux aucun individu étranger à la ville qui ne serait pas muni d'un passeport en règle.

« Que le cas arrivant ils sont tenus de dénoncer sur le-champ à l'agent municipal du lieu tout voyageur qui n'en aurait pas ou qui refuserait de le montrer.

« Que l'administration doit retenir en arresta-

---

(1) Voir mon travail : *Les Fêtes Nationales et Cérémonies publiques sous la Révolution et la première République*, pages 85 et suivantes.

tion pendant deux décades, conformément à l'article quatre de la loy du 10e vendémiaire les individus cy-dessus désignés ».

Ce ne fut pas tout, une prime en argent était accordée aux individus qui aidaient à découvrir un prêtre réfractaire. Voici ce que disait le commissaire du Directoire exécutif auprès de l'administration municipale du canton rural de Tulle :

Je suis chargé, citoyens, de la part du Ministre de la police générale et du commissaire du directoire exécutif près l'administration centrale d'annoncer une récompense à tous les bons citoyens qui contribueront à l'arrestation d'un prêtre refractaire. Ces éternels ennemis de tout ordre social se sont assez attirés depuis l'aurore de la Revolution la juste punition que la loy leur inflige pour que j'ai tout lieu d'espérer que tous les fonctionnaires publics de ce canton et tous les vrais republicains s'empresseront de prendre tous les moyens possibles et indiqués par les loyx pour les faire arrêter quelque part ou gisent leurs repaires et de quelque marque qu'ils se couvrent, et je requiers dans chaque commune la publication de la susditte lettre du Ministre.

Bien que vivement préoccupés par les mesures de répression qui devaient terrasser définitivement le parti royaliste, les gouvernants n'oubliaient pas de mettre en vigueur les lois rendues par l'assemblée nationale. La perception des impôts, qui toujours avait été difficile, fut organisée en brumaire de l'an VI. Une loi créa dans chaque département des agences de contributions directes, et, le 15du mois suivant, le Directoire décida que le département de la Corrèze serait divisé en trois arrondissements de recettes. Tulle fut naturellement désigné comme le premier arrondissement.

En conformité de la loi du 22 brumaire, le commissaire du directoire exécutif près l'administration centrale était agent général. Le citoyen Plazanet fut nommé inspecteur des préposés aux recettes dans les trois arrondissements de Tulle, Brive et Ussel. Enfin les commissaires près les administrations municipales devinrent les agents particuliers dans leurs cantons respectifs.

A côté des mesures coercitives et des lois de protection et de finance se lisent les décrets moralisateurs ayant pour objets le divertissement du peuple : *Panem et circenses* réclamaient les Romains. La République française, après avoir procuré du pain au peuple, essayait de le distraire par des fêtes. Les administrateurs du département de la Corrèze s'empressèrent de rappeler aux municipalités les lois qui ordonnaient la célébration des fêtes décadaires, et voici comment le canton rural de Tulle apprécia l'arrêté du directoire du département :

Considérant qu'il est urgent d'employer à l'instruction et à la récréation du peuple les jours consacrés par la loy au repos de tous les citoyens ; que c'est le principal moyen de former l'esprit public, de réunir les républicains, et de faire chérir la République triomphante à tous les citoyens, que tous les amis des lois et du gouvernement s'empresseront de contribuer au bonheur et à la joie du peuple parce que ce grand moyen de rapprocher les esprits prouvera que le but des républicains est de se rallier à la République et de se soumettre aux lois... que l'instruction surtout manque dans ce canton qui n'a aucun instituteur, ni institutrice public ou privé, que le signe chery des républicains a été trop longtemps méprisé et porté avec une espèce de dedain pour que les républicains ne s'empressent pas de montrer ostensiblement leur cocarde.

Arrête : ....

Ici vient tout un programme en neuf articles dont nous donnorons un résumé :

1° Le décadi suivant « une fête nationale » devait être célébrée à Naves « chef-lieu de canton, « les vieillards et les militaires qui ont reçu d'ho- « norables blessures y auront une place distin- « guée ».

2° « A l'avenir, tous les décadis, il sera célébré dans chaque commune de cet arrondissement, environ l'heure de midy, une fête nationale consacrée au repos et à la joie des citoyens, à la lecture des lois et arrêtés du gouvernement et à l'instruction et récréation du peuple ».

3° L'administration municipale devait se transporter dans les chefs-lieux des sept communes du canton rural de Tulle.

4° « Les agents municipaux demeurent chargés de se procurer un arbre propre à planter et à prendre racines dans les communes où celuy de la liberté est détruit par vétusté ou toute autre cause ».

Enfin tous les citoyens sachant « jouer de quelques instruments ou chanter des airs républicains » étaient particulièrement invités à assister à ces fêtes.

L'article 7 disait qu'en raison de la situation centrale de la ville de Tulle, les sept communes du canton s'entendraient avec la municipalité tulloise pour la célébration des *Décadis*.

Cette fin d'année, la sixième du calendrier républicain, vit dans nos campagnes bien des fêtes et réjouissances publiques : *La fête de l'Agricul-*

ture qui fut célébrée à Naves, chef lieu du canton rural de Tulle, le 10 messidor. *La Fête du Dix Août* qui fut célébrée à Tulle, et dans toutes les communes environnantes, le 23 thermidor.

L'an VI se termina par un chaleureux appel des autorités pour que chaque citoyen devant se rendre sous les drapeaux « ne mette aucun retard à remplir son devoir envers la patrie ». Nous savons que la population tulloise répondit à cet appel comme elle l'avait fait lors de la formation des bataillons de volontaires de la Corrèze : « On demandait 600 volontaires, nous sommes partis 1600 », écrivait le commandant Treich qui était à leur tête.

Et comment nos jeunes Tulllois auraient-ils hésité à répondre à l'appel fait par la nation, lorsqu'ils voyaient leurs anciens si respectés et fêtés à leur retour au foyer paternel. Ils revenaient ces braves, non las de combattre, mais couverts de blessures qui les avaient mis hors d'état de continuer leur service à la patrie. Nul ne pouvait en douter, leurs camarades du champ de bataille l'attestaient :

38e 1/2 Brigade 1er Bataillon, 13e Compagnie

Nous soussignés, officiers, sous-officiers et soldats de laditte compagnie, certifions que le citoyen Jean Mougein, volontaire de la compagnie précitée, a reçu dans une affaire contre l'ennemi, le vingt six messidor an II, faisant à cette époque partie de la 22e compagnie de la 42e brigade d'infanterie de ligne, une blessure à la jambe droite provenant d'un coup de feu, en foi de quoi nous ses camarades et les témoins de la blessure, lui donnons le présent pour lui servir et valoir en cas de besoin.

Donné à Genève le 6e fructidor an VI de la République une et indivisible.

Signé *Martin*, lieutenant ; *Pimond*, ; *Vaville* ; *Menard*, sous-lieutenants ; *Bazot* ; *Devoze* ; *Caprolt* ; *Jean Hertier* ; *Simontre* ; *Martinie*, caporal ; *Duval*, capitaine ; *Capey*, sergent ; *Girol*, caporal ; *Geofroi* ; *Pierson* ; *Thomas* ; *Deliège* ; *Fontaine* ; *Bugar* ; *Bel*, sergent.

Nous membres du conseil d'administration du 1er bataillon de la 38e 1/2 brigade, certifions véritables les signatures des officiers, sous-officiers et soldats de la 13e compagnie ditte demi brigade apposées au certificat d'autre part.

Genève le 13e fructidor an VI.

Signé Duval, capitaine ;
Gras, chef de bataillon (1).

Voilà encore une belle preuve de l'endurance de nos braves soldats de la République : Le tullois Jean Mougein est gravement blessé le 26 messidor an IV (14 juillet 1796) il n'en reste pas moins au service de la nation pendant plus de deux années, jusqu'au 13 fructidor an VI (30 août 1798) (2).

Le premier trimestre de l'an VII fut marqué à Tulle par le rassemblement des conscrits après la première application de la nouvelle loi sur le recrutement militaire. Ce rassemblement eut lieu sans incident marquant. Il en fut de même pour le renouvellement des hommes formant la colonne mobile.

En nivôse, l'administration centrale du département rappelle à la municipalité qu'il y avait lieu

(1) *Archives de la Mairie de Tulle*, reg. 64, p. 73.
(2) Voir notre *Monographie de la commune de Naves.*

de célébrer « la fête de l'anniversaire de la juste punition du dernier roy des français correspondant au 2 pluviôse ». On profita de cette solennité pour inviter tous les fonctionnaires, les notaires compris, à y assister pour prêter le serment requis par la loi.

Signalons quelques autres cérémonies publiques pendant cette septième année républicaine : Le 30 ventôse fut célébrée, avec grande pompe, la *fête dela souveraineté du peuple* (1). *La fête des époux* qui eut lieu dans la salle décadaire, comme celle de l'*Agriculture*. Le 20 prairial eut lieu la *cérémonie funèbre en mémoire des ministres français assassinés à Rastadt* (1). On sait que notre compatriote briviste J.-B. Treilhard avait fait partie, comme plénipotentiaire, de cette conférence de Rastadt, avant d'être nommé membre du Directoire. La cérémonie fut grandiose et fit honneur aux membres de la municipalité qui l'avait organisée : *Pauphille*, président ; *Mougenc, Vergne, Monteil* et *Quellet*, administrateurs municipaux ; *Charain*, commissaire du directoire exécutif.

La loi de l'an VI organisant l'administration des contributions directes n'avait encore pas donné tous les résultats qu'on espérait. La rentrée des impôts était toujours difficile dans notre département, ce qui obligea l'administration centrale à mettre à la disposition du receveur général les troupes stationnées à Tulle, de même que les colonnes mobiles des cantons, pour être envoyées dans les communes retardataires et y activer la

(1) V. Forot. *Les Fêtes nationales et Cérémonies publiques à Tulle, sous la Révolution et la première République.* Brive 1904.

rentrée des contributions échues à ce moment. Cet ordre, donné le 19 messidor an VII, fut aussitôt mis à exécution.

Des désordres s'étant produits sur divers points du département, les partisans de l'ancien régime, unis aux quelques royalistes militants qui restaient dans la province, furent accusés de les avoir fomentés. Dans la nuit du 9 au 10 messidor, le commune de Chenailler, du canton de Beaulieu, fut le théâtre d'attentats dont le tribunal départemental fit justice les 23 et 28 messidor suivant. La crainte de voir ces scènes déplorables se renouveler, et surtout se produire dans les campagnes environnant le chef lieu du département, engagea l'administration centrale à prendre les mesures nécessaires à la sécurité de ses administrés. Elle prit l'arrêté suivant, dans sa séance du 29 fructidor an VII (15 septembre 1799).

L'administration du département instruite que des émigrés rentrés, des prêtres réfractaires, des embaucheurs, des déserteurs cherchent à former des rassemblements sur plusieurs points de ce département, à troubler l'ordre public, à détruire la République pour placer sur ses ruines le trône et le despotisme.

Considérant que le ministre de la police générale par sa lettre du 6 courant a prescrit à l'administration centrale de faire faire les visites domiciliaires ordonnées par la loy du 26 thermidor dernier, et qu'il est urgent d'envoyer de la force armée dans les cantons les plus menacés. Ouï le commissaire du directoire exécutif, arrête ce qui suit :

Art. 1er — Le deuxième jour complémentaire prochain il sera fait des visites domiciliaires dans toute l'étendue du département pour arrêter les émigrés, les prêtres réfractaires, les embaucheurs, les déserteurs, les gens trouvés sans passeport, les assassins et les brigands.

Art. 2. - Les visites seront faites dans toutes les maisons des cy devant nobles, pères, frères et sœurs d'émigrés, et autres suspectés de sceler les individus indiqués par l'article précédent.

Art. 3. — Le deuxième jour complémentaire les administrations municipales se mettront, dès six heures du matin, en permanence pour indiquer les maisons de leur canton qui devront subir les visites domiciliaires, et pour les faire exécuter par la force armée sans désamparer.

Art. 4. — Les individus arrêtés seront conduits sous bonne et sûre garde à la maison d'arrêt de Tulle.

Cet ordre fut signé par *Villeneuve*, président ; *Borie*, *Faguis*, *Dufaure*, *Laborde*, administrateurs ; *Santy*, commissaire du directoire et *Béral*, secrétaire général.

L'administration du canton rural de Tulle convoquée en assemblée extraordinaire prit l'arrêté suivant :

L'administration municipale considérant qu'il importe de ramener de suite à exécution le présent arrêté, considérant néanmoins que l'heure est trop tarde *(sic)* pour que les visites domiciliaires puissent avoir lieu ce jourd'huy vu l'éloignement des communes, arrête, ouï le commissaire du directoire exécutif :

Les visites domiciliaires auront lieu demain dans toutes les communes de ce canton dans les maisons des personnes cy dessus désignées pour l'arrestation des prêtres réfractaires, émigrés, déserteurs et brigands.

Cet arrêté fut pris le deuxième jour complémentaire de l'an VII et signé au registre par *Layrat*, président ; *Devès* et *Bassaler*, agents municipaux ; *Floucaud*, commissaire et *Teyssier*, secrétaire greffier.

L'an VIIIe débuta à Tulle par une cérémonie funèbre, celle en mémoire du général Joubert, mort sur le champ de bataille de Novi, le 28e jour de thermidor de l'an VII. Le 7 vendémiaire, Tulle célébra dignement la mémoire de ce héros dans le temple décadaire.

Le 5 brumaire, l'administration du canton rural dresse une liste de déserteurs, réquisitionnaires et conscrits qui existent dans toutes les communes de son ressort, pour que la force armée soit placée che zles parents de tous les rebelles à la loi.

Le lendemain cinquante hommes sont mis à la disposition de l'administration, pour être placés chez les parents des rebelles, à raison de trois francs par jour et par homme.

Seize de ces garnisaires furent envoyés dans la commune de Naves. seize dans celle de Ladignac, douze dans celle de Gimel et six pour celle de St-Bonnet-Avalouze.

Afin de servir d'exemple on donna la plus grande publicité possible à un jugement du conseil de guerre de la 20e division qui condamnait à *dix années de fer* six sous-officiers ayant déserté avec armes et bagages.

Cette VIIIe année républicaine vit le 18 brumaire; jour où Bonaparte et son frère Lucien mirent fin au Directoire et préparèrent le Consulat. Paris, et la province surtout, semblèrent se désintéresser de ce changement ; et pourtant deux jours après, le 20 brumaire an VIII (11 novembre 1799), Bonaparte, avec ses grenadiers, chassait les réprésentants du peuple du lieu de leurs séances.

La République agonisait sous la poussée des bayonnettes du futur empereur.

Dès les premiers jours de frimaire, Tulle vit arriver un nouveau représentant du peuple « délégué des consuls de la République dans le département de la Corrèze : le citoyen Carret. » Comme d'usage cet administrateur adressa une proclamation à ses administrés. Cet document fut envoyé dans toutes les communes du département.

La Constitution de l'an III avait été renversée, le consulat provisoire avait été institué. Une loi avait changé la formule du serment à prêter par tous les fonctionnaires. Les membres de la municipalité tulloise, et ceux du canton rural, se réunirent dès les premiers jours de frimaire et prêtèrent le nouveau serment requis par la loi :

Je jure d'être fidèle à la République une et indivisible fondée sur l'Égalité, la Liberté et le système représentatif.

Une faute irréparable venait d'être commise : Le sort de la nation toute entière était livré à trois consuls, et deux d'entre eux ne devaient servir qu'à rehausser le prestige de Bonaparte, *premier consul*, et à favoriser son ambition.

Bonaparte, aidé de ces deux instruments dociles, le jurisconsulte Cambacérès et le littérateur Lebrun, inaugurait une politique nouvelle et s'acheminait vers l'empire.

Après les violences et les déchirements des partis, la République devait bientôt s'éteindre, comme par lassitude, à la suite d'un trop grand effort. Le peuple, de nouveau, aspirait presque à avoir un maître unique.

Le 16 floréal an VIII, le commissaire du gouvernement, se conformant à un arrêté du préfet de notre département, en date du 11 du même mois, annonça que les administrations municipales devaient cesser leurs fonctions et que le juge de paix allait apposer les scellés sur les armoires et chambres contenant les papiers de l'administration, ce qui fut aussitôt exécuté. Le lendemain les scellés furent levés et les papiers remis aux nouveaux maires de chaque commune. — La République était morte. La France, selon une expression du temps, « s'adonnait aux vertus d'un grand homme ». Napoléon était empereur en décembre 1804.

Victor FOROT.

Tulle — Imprimerie Crauffon

DU MEME AUTEUR

Victor Forot, à Bourrelou, Tulle.

Projet d'Installations et d'Améliorations du Port de Dakar (Sénégal), gr. in-8°. Imp. Souza. Lisbonne (Portugal), 1885.

Quelques Notes sur le Port de Lisbonne, gr. in-8° de 30 pages, Imp. Souza et Cie, Lisbonne, 1885.

Architecture, Plans et Installations du Chemin de Fer de la Valsugana, à l'Exposition universelle d'Amsterdam, 1re classe, médaille d'argent, in-4° de 16 pages avec plans. Imp. Scotoni et Vitti, à Trente (Tyrol), 1895.

Un Chemin de fer en Tyrol méridionnal, in-4° de 16 pages, 34 plans ou dessins des travaux exécutés, 1re édition. Imp. Scotoni et Vitti, Trente, 1895. Exposition universelle d'Amsterdam Constructions de voies ferrées) médaille d'argent

Albums des Plans et Dessins des Travaux exécutés pour un Chemin de Fer à la voie de 1 m 50. Deux vol. in-4° contenant environ 400 planches. Imp. de l'Institut géographique militaire d'Autriche, Vienne 1895. Exposition internationale de Bordeaux 1895, (génie civil), médaille d'argent.

Etudes sur les Monnaies et Médailles antiques et modernes, grand in 8°. Imp. Scotoni et Vitti, à Trente, 1897

Le Chemin de fer de la Valsugana à l'Exposition universelle de Paris 1900, médaille d'argent, in 4°, avec nombreux dessins et plans, en trois volumes. Imp Mazeyrie, 1900.

L'Avenir de la Vallée de Morata, province de Murcie (Espagne), in-4°, avec plans et photographies. Paris, 1901.

Le Port de Santander (Espagne) *et ses améliorations*, in-8° de 36 pages, avec cartes plans et photographies. Paris, 1901.

Les Mines de l'Espagne méridionale, in-8° de 70 pages, avec plan et photographies. Paris, imp Delpy, 1901.

Le Canal de l'Oder au Danube, in 8° de 30 pages, avec carte et profil en long du canal projeté. Paris, imp. Delpy, 1901

Le Maitre-Autel de Naves et son Rétable, ouvrage orné d'une Carte de la Commune et de 21 simili-gravures hors texte gr. in-8°. Tulle. Imp Mazeyrie, 1902.

La Guerre des Bonnets à Tulle, Episode révolutionnaire en 1792. gr. in-8°. Tulle, Imp. ouvrière la Gutemberg, 1903.

Une Vicairie civile en Bas-Limousin (anciennes divisions territoriales et administratives du IXe au XIIe siècle.) avec 2 cartes et 13 gravures. gr. in-8°. Tulle, Imp. Mazeyrie 1903.

Arrestations à Tulle sous la Terreur, Episodes révolutionnaires en 1793-1794. Tulle, Imp. Crauffon, 1904.

Sculptures de l'Eglise de Naves, album de phototypies d'un chef-d'œuvre du XVIIe siècle. gr. in-8°. Tulle, Imp. Crauffon, 1904.

Les Fêtes nationales et Cérémonies publiques à Tulle sous la Révolution et la Première République, avec une gravure hors texte gr. in 8°. Brive, Imp Roche, 1904.

Monographie de la Commune de Naves (Corrèze), avec trois cartes géographiques, [illegible] gravures, et cinq photogravures, deux volumes, gr in 8°. Tulle Imp Crauffon, 1905.

Etude sur les Ruines gallo-romaines de Tintignac (Corrèze), avec une carte, sept plans, trente-trois gravures dans le texte, phototypie hors page, gr. in 8°. Tulle, Imp. Crauffon, 1905.

Le Royal-Navarre-Cavalerie et ses Chefs en Corrèze, Episodes révolutionnaires en 1791, gr. in 8°. Paris. librairie Paul Cheronnet, 19, rue des Grands-Augustins, 1906.

Une Seigneurie du Bas-Limousin, avec gravures, gr. in-8°. Paris, librairie Cheronnet, 19, rue des Grands-Augustins, 1906.

L'Année de la Peur à Tulle, Episodes révolutionnaires en 1789-1790, gr. in-8°, avec planche. Paris, librairie Paul Cheronnet, 19, rue des Grands-Augustins, 1906.

L'Aliénation des Biens du Clergé à la Révolution. étude initiale sur des documents inédits. 1re partie : Diocèse de Tulle, in-8°. Paris, librairie Vic et Amat, 11, rue Cassette, 1905.

La Fabrication des Armes à Tulle, il y a un Siècle, gr. in-8°. Tulle, Imp. Crauffon, 1905.

La Prise de Possession d'une Cure en Bas-Limousin au XVIIIe siècle, in-12. Limoges, librairie Ducourtieux et Gout, 1906.

Le Trousseau d'un Bourgeois de Tulle au XVIIIe siècle, in-12. Tulle, Imp. Crauffon, 1906.

Carnavals et Semaines saintes à travers le Monde, in 12. Paris, librairie Cheronnet, 19, quai des Grands Augustins, 1906.

Un Duel mortel à Tulle au XVIIIe siècle, gr. in-8° Tulle, Imp. ouvrière la Gutemberg, 1906.

La Corrèze pittoresque, monumentale et artistique, in-12. Imp. Ducourtieux, Limoges, 1907.

Les Cardinaux limousins, in-12. Paris, librairie de l'Art Français, 52, rue Laffitte, 1907.

Le Culte des Morts à travers le Monde. gr. in-8°. Paris. librairie de l'Art Français, Jean Schemit, 52, rue Laffitte, 1907.

L'An 1789 en Bas-Limousin, gr. in-8°. Paris, librairie de l'Art Français, 1907.

Les Thermidoriens tullois, gr. in-8°. Paris, librairie de l'Art Français, 52, rue Laffitte.

Essais historiques sur les Environs de Tulle, 1re partie, Laguenne, en cours de publication.

Fragments de l'Histoire municipale de Tulle, en cours de publication dans le *Bulletin de la Société des Lettres, Sciences et Arts de la Corrèze*. Tulle, Impr. Crauffon 1906.

Les Papes Limousins, sous presse. Imp. Crauffon, à Tulle.

Un Domaine royal en Bas-Limousin, en cours de publication dans le *Bulletin de la Société archéologique* de la Corrèze.

Comment on a fait les Papes, depuis Saint-Pierre jusqu'à nos jours, gr. in-8°. Paris, librairie de l'Art Français, 52, rue Laffitte.

Un Hôpital-Hospice industriel aux XVIIe et XVIIIe siècles in-12, sous presse. Imp. Crauffon, à Tulle.

Une Châtellenie de la Montagne limousine, in-12, sous presse. Ducourtieux, Limoges.

www.ingramcontent.com/pod-product-compliance
Lightning Source LLC
LaVergne TN
LVHW020334230826
846091LV00003B/872

* 9 7 8 2 0 1 2 9 3 2 5 6 2 *